Über den Autor:

Matthieu Ricard arbeitete als Forscher auf dem Gebiet der Molekularbiologie, ehe er seine Berufung zum Buddhismus erkannte. Seit 25 Jahren lebt er als buddhistischer Mönch in den tibetischen Klöstern des Himalajas. Er übersetzt Werke aus dem Tibetischen und ist der offizielle Französischübersetzer des Dalai Lama.

Matthieu Ricard
Meditation

Aus dem Französischen von
Astrid Schünemann-Williot
und Michael Wallossek

Die französische Originalausgabe erschien 2008 unter dem Titel
L'art de la Méditation bei NiL Éditions, Paris

Besuchen Sie uns im Internet: www.droemer-knaur.de
Alle Titel aus dem Bereich MensSana finden Sie im Internet unter
www.mens-sana.de

Vollständige Taschenbuchausgabe März 2011
Knaur Taschenbuch.
Ein Unternehmen der Droemerschen Verlagsanstalt
Th. Knaur Nachf. GmbH & Co. KG, München
Copyright © 2008 NiL Éditions, Paris
Copyright © 2009 der deutschsprachigen Ausgabe
nymphenburger in der F. A. Herbig Verlagsbuchhandlung,
München
Alle Rechte vorbehalten. Das Werk darf – auch teilweise –
nur mit Genehmigung des Verlags wiedergegeben werden.
Die Zeichnungen stammen von Schülern der
Könchog Lhadrepa Schule
Umschlaggestaltung: ZERO Werbeagentur, München
Umschlagabbildung: NEEMA FREDERIC/Gamma/laif
Druck und Bindung: CPI – Clausen & Bosse, Leck
Printed in Germany
ISBN 978-3-426-87495-0

2 4 5 3 1

Inhalt

Vorwort 9

1 Warum meditieren wir? 13
   Ist es erstrebenswert, sich zu verändern? .. 14
   Ist Veränderung möglich? 17
   Ein grundlegender Aspekt des
      Bewusstseins 18
   Der Wunsch allein reicht nicht aus 20
   Was ist mit »Meditation« gemeint? 21
   Eine innere Wandlung durchlaufen, damit
      die Welt sich zum Positiven verändert .. 23
   Allumfassende Auswirkungen 26

2 Womit befasst sich Meditation? 30
   Achtsamkeit und volle Bewusstheit
      verfeinern 31
   Was Meditation nicht ist 32
   Selbstbeherrschung, die befreit 33
   Im Herzen der Wirklichkeit 34
   Den Affen im Geist freilassen 36

3 Wie meditiert man? 38
   Die Motivation 41
   Günstige Bedingungen für die Meditation: .. 44
   Die Anweisungen eines qualifizierten
      Lehrers 44

Der Meditation zuträgliche Orte 45
Eine geeignete Körperhaltung 46
*Enthusiasmus zur Erhöhung der
   Ausdauer* 50
Ein paar allgemeine Empfehlungen 51
Den Geist der Meditation zuwenden 54
Der Wert des menschlichen Daseins 55
Die Vergänglichkeit aller Dinge 57
*Die Unterscheidung zwischen nützlichen
   und schädlichen Handlungen* 61
*Der unbefriedigende Charakter der
   gewöhnlichen Welt* 64
Meditation über volle Bewusstheit 66
Geistesruhe 71
Meditation über das Kommen und Gehen
   des Atems 76
Den Geist auf ein Objekt ausrichten ... 82
Geistige Sammlung ohne Objekt 86
Hindernisse überwinden 88
*Die zunehmende Entwicklung von
   Geistesruhe* 98
Meditationen über selbstlose Liebe 101
Selbstlose Liebe 103
Mitgefühl 105
Freude über das Glück der anderen 106
Unparteilichkeit 107
*Wie man diese vier Meditationen
   miteinander verbindet* 108
Ein edler Austausch 112

    Physischen Schmerz lindern 118
        Volle Bewusstheit 123
        Die Macht der bildhaften Vorstellung . . 125
        Die Kraft des Mitgefühls 126
        Kontemplation über die Natur des Geistes 126
    Einsichtsmeditation 128
        Die Wirklichkeit besser verstehen 131
        Lernen, mit Gedanken und Emotionen umzugehen 137
        Auf Gegenmittel zurückgreifen 140
        Verlangen 141
        Wut 144
        Uns nicht länger mit den Emotionen identifizieren 147

Auf der Suche nach dem Ich 153

Meditation über die Natur des Geistes 162

Die Früchte unserer Bemühungen allen Wesen widmen 171

Meditation und Alltag 173

Dank 177

Bibliografie 179

Anmerkungen 183

Vorwort

> »Lasst uns selbst die Veränderung sein, die wir in der Welt sehen wollen.«
>
> *Gandhi*

Was hat mich dazu veranlasst, diese kurze Abhandlung zum Thema Meditation zu verfassen? Ich habe das große Glück, seit nunmehr vierzig Jahren mit authentischen spirituellen Meistern zusammen sein zu dürfen, die mein Leben inspiriert und meinen Weg erhellt haben. Ihre kostbaren Anweisungen haben meine Bemühungen in die richtige Richtung gelenkt. Ich bin kein Lehrer und bleibe mehr als zuvor nur Schüler. Immer wieder aber treffe ich auf meinen Reisen um die Welt Menschen, die mir mitteilen, dass sie gerne lernen würden, wie man meditiert. Daraufhin versuche ich, soweit die Umstände dies zulassen, sie zu qualifizierten Meistern zu schicken. Das ist jedoch nicht immer möglich. Für alle, die den aufrichtigen Wunsch haben, sich in Meditation zu üben, habe ich daher aus authentischen buddhistischen Quellen die folgenden Anweisungen zusammengestellt. Mittels geistiger Übung einen inneren Wandlungsprozess zu durchlaufen, ist gewiss das spannendste aller Abenteuer.

Eine solche Transformation ist das wahre Ziel von Meditation.

Die hier vorgestellten, aus einer zweitausendjährigen Überlieferung stammenden Übungen können schrittweise und unabhängig voneinander praktiziert werden, je nachdem, ob man sich der Meditation nur dreißig Minuten pro Tag widmet oder sich in der Stille einer Klausur intensiver darin übt.

Persönlich schätze ich mich außerordentlich glücklich, 1967 nahe Darjeeling in Nordindien meinem spirituellen Meister Kangyur Rinpoche begegnet zu sein. 1975 habe ich mich nach seinem Tod für einige Jahre in eine kleine, im Wald oberhalb seines Klosters auf Holzpfählen gebaute Einsiedelei zurückgezogen. Von 1979 an konnte ich dreizehn Jahre lang einem anderen hohen tibetischen Meister nahe sein, Dilgo Khyentse Rinpoche, und durfte in dieser Zeit von ihm Unterweisungen entgegennehmen. Als im Jahr 1991 auch er diese Welt verließ, habe ich mich des Öfteren in eine kleine Bergeinsiedelei in Nepal zurückgezogen, einige Stunden von Kathmandu entfernt – in ein Retreatzentrum vom Kloster Shechen, wo ich gewöhnlich wohne. Diese Zeiten der Klausur gehören zweifelsohne zu den fruchtbarsten Abschnitten meines Lebens.

Seit zehn Jahren nehme ich überdies an verschiedenen wissenschaftlichen Forschungsprogrammen teil, in denen die Auswirkungen langjährig praktizierter Meditation untersucht werden. Die bisherigen Ergebnisse belegen, dass wir Fähigkeiten wie Aufmerksamkeit, emotionales Gleichgewicht, Altruismus und inneren Frieden in beachtlichem Maß zu entwickeln vermögen. Auch in anderen Studien hat man untersucht, welchen Nutzen es bringt, wenn die Teilnehmer/innen für die Dauer von sechs bis acht Wochen täglich zwanzig Minuten lang meditieren, und nachgewiesen, dass sie in der Folge weniger ängstlich waren, eine verminderte Schmerzempfindlichkeit und geringere Neigung zu Depression und Wut zeigten, dass sich ihre Aufmerksamkeit verbesserte, das Immunsystem gestärkt wurde und sich ganz allgemein ihr Wohlbefinden erhöhte. Unter welchem Gesichtspunkt auch immer man die Meditation betrachtet – unter dem Gesichtspunkt der persönlichen Wandlung, der Entwicklung altruistischer Liebe oder der körperlichen Gesundheit –, erweist sie sich demzufolge als wesentlicher Faktor für ein ausgeglichenes und sinnvolles Leben.

Wie schade wäre es doch, wenn wir die Wandlungsfähigkeit des Geistes, unser geistiges Transformationsvermögen, unterschätzen würden. Denn jeder von uns verfügt über das Potenzial, sich von denjenigen Geisteszuständen zu befreien, die den Nährboden für unser Leid und das der anderen bereiten. Jeder von uns kann so zu innerem Frieden finden und zum Wohlergehen der Lebewesen beitragen.

1

Warum meditieren wir?

Als Erstes sollten wir das eigene Leben offen und ehrlich untersuchen. Wo stehen wir im Leben? Wo lagen bisher unsere Prioritäten, und was haben wir uns für die Zeit, die uns noch bleibt, vorgenommen?

Unsere Persönlichkeit beinhaltet eine Mischung aus Licht und Schatten, aus Vorzügen und Mängeln, Qualitäten und Fehlern. Aber ist dies tatsächlich die beste uns mögliche Art zu leben – ein Status, über den wir nicht hinausgelangen können? Und wenn nicht, wie können wir dann eine Veränderung herbeiführen? Diese Fragen sollten wir uns stellen, besonders wenn wir das Gefühl haben, dass ein Wandel nicht nur möglich, sondern auch wünschenswert ist.

Aufgrund all der Aktivitäten, die von morgens bis abends einen beträchtlichen Teil unserer Energie in Anspruch nehmen, haben wir hier im Westen indes kaum die Zeit, uns den grundlegenden Ursachen des Glücks zuzuwenden. Je mehr wir uns in Geschäftigkeit ergehen, so meinen wir, desto intensiver werde unser Erleben – und das unbestimmte

Gefühl von Unzufriedenheit lasse sich dadurch vielleicht vertreiben. In Wirklichkeit sind viele Menschen aber vom modernen Lebensstil enttäuscht und fühlen sich frustriert, sehen jedoch für ihr Dilemma keine Lösung. Denn die Traditionen, die eine innere Transformation des Menschen befürworten, werden zum Großteil nicht mehr praktiziert. Bei allen Meditationstechniken geht es um geistige Transformation. Wir brauchen sie dazu nicht mit einem bestimmten religiösen Etikett zu versehen. Jeder von uns ist mit Geist ausgestattet und in der Lage, mit ihm zu arbeiten.

Ist es erstrebenswert, sich zu verändern?

Die wenigsten von uns können mit Bestimmtheit sagen, an der Art und Weise, wie sie ihr Leben führen und die Welt erfahren, lasse sich nichts verbessern. Manche meinen vielleicht, ihre Schwierigkeiten und konfliktträchtigen Emotionen trügen zum Reichtum des Lebens bei, und erst deren besondere Alchimie mache aus ihnen, was sie sind – ein einzigartiges Wesen. Sie halten es für richtig, sich genau so zu akzeptieren, wie sie sind, und ihre Fehler ebenso zu lieben wie ihre guten Eigenschaften. Diese Menschen laufen jedoch Gefahr, in chronischer Unzufriedenheit zu leben. Über die Möglichkeit, sich mit ein wenig Anstrengung und Überlegung zum Positiven zu verändern, sind sie sich nicht im Klaren.

Stellen wir uns vor, wir bekämen die Gelegenheit geboten, einen ganzen Tag lang Eifersucht zu empfinden. Wer von uns würde solch ein Angebot mit Freude annehmen? Würde man uns dagegen vorschlagen, den Tag voller Liebe für andere zu verbringen, würden die meisten von uns eindeutig diese Möglichkeit bevorzugen.

Unser Geist ist ständig aufgewühlt. Schmerzliche Gedanken machen uns zu schaffen, Wut überkommt uns, oder harsche Worte unserer Mitmenschen verletzen uns. Wer träumt in solchen Momenten nicht davon, die eigenen Gefühle meistern, frei sein zu können und Herr seiner selbst? Wie gern würden wir uns all diese Seelenqual ersparen! Da wir aber nicht wissen, wie wir das bewerkstelligen können, geben wir uns mit dem Gedanken zufrieden: »Das liegt einfach in der menschlichen Natur.« Nicht alles »Natürliche« ist jedoch wünschenswert. So wissen wir etwa, dass natürlich jeder Mensch krank werden kann. Das hält uns freilich nicht davon ab, einen Arzt aufzusuchen, wenn wir krank sind.

Wir wollen nicht leiden. Niemand wacht morgens auf und denkt: »Hoffentlich leide ich heute den ganzen Tag und nach Möglichkeit auch mein ganzes Leben!« Bei all unserem Tun – ob wir nun ein wichtiges Projekt in Angriff nehmen, unsere tägliche Arbeit verrichten, eine dauerhafte Beziehung eingehen, eine Tasse Tee trinken, eine zufällige Begegnung haben oder einfach nur einen Spaziergang im Wald machen – hoffen wir stets, daraus möge sich für uns selbst oder die anderen etwas Positives ergeben. Wären wir uns sicher, dass unsere Handlungen nur Leid zur Folge hätten, würden wir sie unterlassen.

Manchmal erleben wir Augenblicke inneren Friedens, Augenblicke voller Liebe und Klarheit. Meist aber handelt es sich dabei nur um flüchtige Gefühle, die allzu bald einem anderen Geisteszustand weichen. Nichtsdestoweniger können wir leicht erkennen, dass sich unser Leben grundlegend verändern würde, wenn wir den Geist darin üben könnten, diese besonderen Momente zu kultivieren. Wir alle wissen, wie überaus wünschenswert es wäre, ein besserer Mensch zu werden: eine innere Wandlung zu durchlaufen, die Hand in Hand geht mit dem Bestreben, das Leid der anderen zu lindern und zu ihrem Wohlergehen beizutragen.

Niemand ist der Meinung, ohne innere Konflikte verliere das Leben seinen Reiz und seine Würze. Wir alle wissen, wie sehr uns Wut, Neid oder Eifersucht zu schaffen machen können. Güte und Zufriedenheit hingegen wissen wir zu schätzen. Und wir freuen uns, wenn wir sehen, dass andere Menschen glücklich sind. Es wird deutlich, dass eine mit altruistischer, mit selbstloser Liebe einhergehende Empfindung von Harmonie eine Qualität ist, die sich selbst genügt. Genauso verhält es sich mit Großzügigkeit, Geduld und vielen anderen guten Eigenschaften. ==Wenn wir lernen, altruistische Liebe und inneren Frieden zu kultivieren und zugleich unseren Egoismus, auf den unweigerlich Frustration folgt, zu vermindern, wird unser Leben nichts von seinem Reichtum einbüßen. Ganz im Gegenteil.==

Ist Veränderung möglich?

Im Grunde lautet die Frage also nicht: »Ist es erstrebenswert, sich zu verändern?«, sondern: »Ist Veränderung möglich?« Man könnte tatsächlich den Eindruck gewinnen, die aufwühlenden, verstörend wirkenden Emotionen seien so untrennbar eng mit dem Geist verbunden, dass es allem Anschein nach unmöglich ist, sich von ihnen zu befreien – es sei denn, man zerstöre einen Teil seiner selbst.

Selbstverständlich verändern sich unsere Charakterzüge im Allgemeinen nur wenig. Mit einigen Jahren Abstand betrachtet, sieht man nur selten einen Choleriker, der geduldig wurde, kaum einen unter Seelenqualen Leidenden, der inneren Frieden fand, oder einen Angeber, der bescheiden wurde. Dennoch, so selten sie auch sein mögen: Vereinzelt gibt es Menschen, die sich verändern. Und ihre innere Wandlung beweist, dass ein solcher Veränderungsprozess beileibe kein Ding der Unmöglichkeit ist. Unsere Charakterzüge bleiben nur gleich, solange wir nichts unternehmen, um sie zum Besseren zu verändern, sondern stattdessen unsere Anlagen und Verhaltensmuster einfach fortbestehen lassen, ja ihnen sogar mit jedem Gedanken, jedem Tag, jedem Jahr mehr Macht verleihen. Nichtsdestotrotz sind sie keineswegs unantastbar.

Missgunst, Gier, Eifersucht und all die anderen Geistesgifte sind Bestandteil unserer Natur. »Bestandteil von etwas anderem zu sein«, ist freilich auf unterschiedliche Weise möglich. Wenn zum Beispiel Wasser Zyanid enthält, kann es auf der Stelle todbringend wirken. Mit einem Arzneimittel vermischt, kann Wasser uns andererseits Heilung bringen. Seine chemische Formel bleibt dabei unverändert, denn das Wasser selbst war weder giftig noch medizinisch wirksam. Die unterschiedlichen Zustände des Wassers sind vorübergehend und flüchtig, genau wie unsere Emotionen, Stimmungen und Charakterzüge.

Ein grundlegender Aspekt des Bewusstseins

Das wird verständlich, wenn man die ursprüngliche Qualität des Geistes erfasst, die schlicht darin besteht, zu »erkennen«, und an sich weder gut noch schlecht genannt werden kann. Sobald unsere Aufmerksamkeit hinausgeht über den turbulenten Strom der Gedanken und flüchtigen Emotionen, die von morgens bis abends durch den Geist wirbeln, können wir Folgendes bemerken: Dieser allem zugrunde liegende Aspekt des Bewusstseins, der jede Wahrnehmung, welcher Art sie auch sein mag, möglich macht und begleitet, ist jederzeit gegenwärtig. Im Buddhismus wird dieser erkennende Aspekt als »leuchtend« oder »lichthaft« bezeichnet, da er die äußere Welt und zugleich die Innenwelt der Empfindungen, Emotionen, des Urteilsvermögens, der Erinnerungen, Hoffnungen und Befürchtungen erhellt – indem er uns deren Wahrnehmung ermöglicht. Obwohl dieses Wahrnehmungsvermögen jedem geistigen Vorgang innewohnt, bleibt es von Letzterem unberührt. Ein Lichtstrahl kann ein hasserfülltes oder ein lächelndes Gesicht erhellen, einen Edelstein ebenso wie einen Müllhaufen, aber das Licht selbst ist weder missgünstig noch liebevoll, weder sauber noch schmutzig.

Mithilfe dieses Vergleichs können wir verstehen, dass es möglich ist, unser geistiges Universum, den Inhalt unserer Gedanken und Erfahrungen zu verwandeln. Der neutrale und »leuchtende« Grund des Bewusstseins öffnet uns den Raum, den wir benötigen, um die geistigen Geschehnisse zu beobachten – statt ihnen ausgeliefert zu sein – und dann die Bedingungen für ihre Transformation zu schaffen.

Der Wunsch allein reicht nicht aus

Unseren Charakter können wir uns nicht aussuchen, aber wir können stets den Wunsch haben, ihn zu verbessern. Ein solches Bestreben gibt unserem Leben eine Ausrichtung. Da jedoch ein Wunsch allein nicht ausreichend ist, liegt es an uns, ihn auch in die Tat umzusetzen.

Wir finden es nicht unnatürlich, über viele Jahre laufen, lesen und schreiben zu lernen und später eine Berufsausbildung zu absolvieren. Wir verbringen Stunden damit, uns körperlich in Form zu bringen, indem wir zum Beispiel mit großer Ausdauer auf einem Trimmrad fahren, das uns ja mit Sicherheit an keinen Ort bringt. Wenn wir uns an eine Aufgabe begeben, brauchen wir dafür ein Mindestmaß an Interesse und Eifer. Dieses Interesse entsteht, weil wir wissen, dass wir Nutzen daraus ziehen werden.

Welches Wunder müsste wohl geschehen, damit der Geist sich dieser Logik entziehen und sich ohne jede Anstrengung verändern könnte, nur weil wir es möchten? Das entspräche dem Wunsch, auf dem Klavier ein Konzert von Mozart spielen zu können, dafür jedoch nur gelegentlich ein wenig auf den Tasten herumzuklimpern.

Wir bemühen uns sehr, die äußeren Daseinsbedingungen zu verbessern. Letzten Endes kommt es aber immer auf den Geist an: Er erfährt die Welt und erlebt diese Erfahrung als Wohlbefinden oder Leid. Verändern wir die Art und Weise, wie wir die Dinge erfahren, so verändern wir auch unsere Lebensqualität. Und genau dieser Wandel ist die Folge einer Geistesschulung, die man als Meditation bezeichnet.

Was ist mit »Meditation« gemeint?

Meditation ist eine Übung, die es uns ermöglicht, bestimmte grundlegende menschliche Qualitäten zu pflegen und zu entwickeln – ebenso wie wir durch Schulungs- oder Ausbildungsprozesse anderer Art lesen, ein Musikinstrument spielen oder uns andere Fähigkeiten anzueignen lernen.

Untersuchen wir die wortgeschichtliche Herkunft der Worte, die im Deutschen mit »Meditation« übersetzt werden, so finden wir im Sanskrit das Wort *bhavana* mit der Bedeutung »pflegen«, und das entsprechende tibetische Wort *gom* bedeutet »sich gewöhnen«. Hier geht es also hauptsächlich darum, sich an eine klare und richtige Sichtweise der Dinge zu gewöhnen und diejenigen Qualitäten zu pflegen, die wir zwar alle in uns tragen, die jedoch verborgen bleiben, solange wir keine Anstrengung unternehmen, sie zu entwickeln.

Manche meinen, Meditation sei nicht notwendig: Die unablässig sich einstellenden Erfahrungen des Lebens reichten aus, um unser Gehirn und damit auch unsere Seins- und Handlungsweisen auszubilden. Unsere Fähigkeiten, wie zum Beispiel die Sinneswahrnehmung, prägen sich großenteils in Wechselwirkung mit der Welt aus. Das steht außer Frage. Doch wir können diese Fähigkeiten erheblich steigern. Wissenschaftliche Forschungen auf dem Gebiet der Neuroplastizität zeigen, dass Übung in jeglicher Form auf funktioneller wie auch auf struktureller Ebene im Gehirn wichtige Neuorganisationsprozesse bewirkt.

Stellen wir uns also zunächst einmal die Frage, was wir im Leben wirklich wollen. Reicht es uns, Tag für Tag zu improvisieren? Sehen wir nicht, dass tief in uns stets dieses diffuse Unbehagen vorhanden ist, obwohl wir uns doch eigentlich nach Glück und Erfüllung sehnen?

Wir sind gewohnt zu denken, unsere Fehler seien unvermeidbar, haben unser Leben lang Schwierigkeiten und nehmen schließlich die Art und Weise, wie wir funktionieren, als gegeben hin. Uns wird dann gar nicht mehr bewusst, dass wir sehr wohl über die Möglichkeit verfügen, uns aus diesem Teufelskreis, den wir längst satt haben, zu befreien.

Nach buddhistischer Auffassung trägt jedes Lebewesen das Erleuchtungspotenzial in sich. Dies sei ebenso sicher, heißt es in den Texten, wie die Tatsache, dass ein Sesamsamen Öl enthält. Trotzdem sind wir, um einen weiteren traditionellen Vergleich heranzuziehen, ebenso verwirrt wie ein Bettler, unter dessen Hütte ein Schatz vergraben liegt. Doch er weiß nichts von dem Schatz und bleibt somit arm, obwohl er eigentlich reich ist. Uns diesen unbekannten Reichtum zu eigen zu machen und dadurch unserem Leben die höchste Sinnerfüllung zu geben – darin besteht das Ziel des buddhistischen Weges.

Eine innere Wandlung durchlaufen, damit die Welt sich zum Positiven verändert

Unseren Mitmenschen können wir am besten helfen, indem wir unsere inneren Qualitäten entwickeln. Die eigene Erfahrung ist dabei anfangs unser einziger Bezugspunkt. Mit der Zeit sollte sie allerdings einer umfassenden Sicht der Dinge weichen, in der alle empfindenden Wesen berücksichtigt werden. Wir alle sind voneinander abhängig, und niemand möchte leiden. Inmitten einer Unzahl von leidenden Lebewesen selbst »glücklich« werden zu wollen, soweit Glück uns angesichts all des Leids überhaupt möglich sein könnte – was für eine absurde Vorstellung. Die Suche nach dem ausschließlich eigenen Glück ist mit Sicherheit zum Scheitern verurteilt, da doch gerade im Egoismus die Ursache für unser Leid liegt. Bei Romain Rolland heißt es: »Falls egoistisches Glück das einzige Ziel im Leben ist, bleibt das Leben bald ohne Ziel.«[1]

Selbst wenn man vorgibt, glücklich zu sein: Ohne sich für das Wohlergehen der Mitmenschen zu interessieren, ist es unmöglich, wahres Glück zu erleben. Liebe und Mitgefühl sind die Grundlage wirklichen Glücks.

Diese Feststellungen bringen keineswegs eine moralisch geprägte Denkweise zum Ausdruck, sondern spiegeln schlicht die Wirklichkeit wider. Nur nach dem eigenen Glück zu streben, ist der sicherste Weg, weder sich selbst noch andere glücklich zu machen. Man könnte meinen, es sei möglich, sich von den anderen zu isolieren, um sich des eigenen Wohlergehens leichter zu versichern (und wenn dies nur alle täten, wäre doch jedermann glücklich!). Solches Handeln hätte freilich das Gegenteil dessen, was man sich erhofft hatte, zur Folge: Hin- und hergerissen zwischen Hoffnung und Furcht, führt man schließlich nicht nur selbst ein armseliges Leben, sondern richtet auch noch das seiner Mitmenschen zugrunde. Letzten Endes hätten wir alle das Nachsehen.

Warum wäre solch ein Unterfangen zum Scheitern verurteilt? Vor allem, weil die Welt eben nicht aus voneinander unabhängigen Wesenseinheiten besteht, aus autonomen Entitäten, denen Eigenschaften innewohnen, welche sie von Natur aus schön oder hässlich machen, sie in Freund und Feind unterteilen. Vielmehr sind die Dinge und die Lebewesen grundsätzlich voneinander abhängig und in ständigem Wandel begriffen. Überdies existieren die Elemente, aus denen sie sich zusammensetzen, ebenfalls nur in Wechselwirkung zueinander. Unsere Ichbezogenheit reibt sich nun aber unablässig an dieser Wirklichkeit, was Frustration nach sich zieht.

Altruistische Liebe (der buddhistischen Lehre zufolge besteht sie in dem Wunsch, die empfindenden Wesen glücklich zu sehen) und Mitgefühl (der Wunsch, ihrem Leid und seinen Ursachen entgegenzuwirken) sind nicht einfach nur edle Gefühle. Tatsächlich stehen sie zutiefst in Einklang mit der Wirklichkeit. Unzählige Lebewesen versuchen, Leid zu vermeiden – genau wie wir selbst. Und da wir alle voneinander abhängig sind, steht das eigene Glück und Unglück in enger Verbindung zu dem aller anderen Wesen. Liebe und Mitgefühl zu entwickeln, bringt doppelten Nutzen: Die Erfahrung zeigt, dass diese Empfindungen nicht nur uns selbst besonders guttun, sondern andere Wesen die daraus sich ergebenden Verhaltensweisen ebenfalls als wohltuend empfinden.

Wenn wir am Glück und Unglück der anderen so Anteil nehmen, dass wir uns davon wirklich betroffen fühlen, wird es für uns zu einer inneren Notwendigkeit, korrekt und klar zu denken und zu handeln. Handlungen mit dem Ziel, anderen Wesen beizustehen, führen indes nur dann zu eindeutig positiven Resultaten, wenn sie auf Weisheit beruhen –

einer Weisheit, zu der man durch Meditation Zugang findet. Meditation dient letztlich dazu, eine innere Wandlung in Gang zu setzen, um so die Welt im positiven Sinn zu verändern. Anders ausgedrückt: Meditation soll uns helfen, selbst ein besserer Mensch zu werden, um die empfindenden Wesen wirkungsvoller unterstützen zu können. Auf diese Weise erfüllt sich der tiefere Sinn des Lebens.

Allumfassende Auswirkungen

Meditation soll also unsere Erfahrung der Welt transformieren. Darin besteht ihr wichtigstes Ziel. Tatsache ist, dass diese meditative Erfahrung auch positive Auswirkungen auf die Gesundheit hat. Seit etwa zehn Jahren erforscht man an den großen amerikanischen Universitäten Madison in Wisconsin, Princeton, Harvard und Berkeley sowie in den europäischen Forschungszentren in Zürich und Maastricht intensiv die kurz- und langfristigen Auswirkungen von Meditation auf das Gehirn. Wie sich im Rahmen dieser Forschungsprojekte herausgestellt hat, verfügen erfahrene Praktizierende mit zirka zehntausend bis sechzigtausend Stunden Meditationserfahrung über eine Befähigung, reine Aufmerksamkeit aufzubringen, die man bei Anfängern nicht findet. Beispielsweise zeigte sich bei Aufmerksamkeitsübungen, dass ihre Achtsamkeit fünfundvierzig Minuten lang praktisch unvermindert hoch blieb, während bei den meisten Menschen die Aufmerksamkeit nach fünf bis zehn Minuten nachlässt und sie dann immer mehr Fehler machen. Erfahrene Meditierende können präzise, einsgerichtete, starke und stabile Geisteszustände hervorbringen. Weiter konnte nachgewiesen werden, dass jenes Gehirnareal, das Gefühlen wie etwa dem Mitgefühl zugeordnet wird, bei Menschen mit langer meditativer Erfahrung eine erheblich größere Aktivität aufweist. Diese Befunde machen deutlich, dass menschliche Qualitäten durch mentales Training gezielt verstärkt werden können.

Auf diese Befunde im Einzelnen einzugehen würde den Rahmen dieses Buches sprengen. Immerhin sei kurz erwähnt, dass eine zunehmende Zahl wissenschaftlicher Studien Folgendes zeigt: Stress (dessen schädliche Auswirkungen auf die Gesundheit allgemein bekannt und anerkannt sind) wird durch Meditationspraxis bereits nach kurzer Zeit beträchtlich reduziert.[2] Angst, die Neigung zu Wutausbrüchen (durch die sich etwa nach Herzoperationen die Überlebenschancen verringern) und das Risiko eines Rückfalls bei Menschen, die mindestens schon zwei Phasen schwerer Depression erlebt haben,[3] werden durch Meditation verringert. Einhergehend mit acht Wochen Meditation (vom Typ MBSR[4]), dreißig Minuten am Tag, sind eine beachtenswerte Stärkung des Immunsystems, der positiven Gefühle,[5] der Fähigkeit zu gezielter Aufmerksamkeit,[6] eine Abnahme der arteriellen Spannung bei Menschen mit Bluthochdruck[7] und eine erhöhte Heilungsrate bei Psoriasis[8] zu verzeichnen. Studien über den Einfluss von Geisteszuständen auf die Gesundheit, die früher als Fantasterei abgetan wurden, sind heute in der wissenschaftlichen Forschung mehr und mehr an der Tagesordnung.

Ohne dem Ganzen einen sensationalistischen Anstrich zu geben, sollte nichtsdestoweniger hervorgehoben werden, wie sehr Meditation und »Geistesschulung« unser Leben verändern können. Wir neigen dazu, das Transformationsvermögen des Geistes und die Auswirkungen, die eine solche sanfte und tiefgründige »innere Revolution« auf die Qualität unseres Erlebens hat, zu unterschätzen.

Ein erfülltes Leben ist keineswegs gleichbedeutend mit einer ununterbrochenen Abfolge angenehmer Empfindungen. Vielmehr zeigt es sich darin, dass wir die Unwägbarkeiten unserer Existenz, all das Unvorhersehbare, aus einem veränderten Blickwinkel betrachten und meistern können. Geistesschulung wirkt nicht nur als Gegenmittel gegen Geistesgifte wie den Hass oder obsessive Gedanken und Vorstellungen, die buchstäblich unser Leben vergiften, sondern sie hilft uns zugleich, besser zu verstehen, wie der Geist funktioniert, und die Wirklichkeit »korrekter«, auf angemessenere Weise, wahrzunehmen. Dank dieser besseren Wahrnehmung vermögen wir den Höhen und Tiefen des Lebens zu begegnen, ohne uns von ihnen aus der Bahn werfen zu lassen oder an ihnen zu zerbrechen. Mehr als das: Die Erfahrungen, mit denen das Leben uns konfrontiert, können uns zu einem vertieften Verständnis unseres Daseins verhelfen.

2

Womit befasst sich Meditation?

Meditationsgegenstand ist der Geist. Zurzeit ist er noch verwirrt, aufgewühlt und widerspenstig, außerdem zahllosen Prägungen und Mustern unterworfen. Keinesfalls soll Meditation den Geist brechen oder ihn betäuben. Im Gegenteil, sie soll dafür sorgen, dass der Geist frei, klar und ausgeglichen wird.

Nach buddhistischem Verständnis ist der Geist keine Entität, sondern ein dynamischer Strom von Erfahrungen, eine Abfolge von Bewusstseinsmomenten. Häufig sind diese Erfahrungen von Verwirrung und Leid gekennzeichnet, sie können jedoch auch in einem offenen Zustand von Klarheit und innerer Freiheit erlebt werden.

Jigme Khyentse Rinpoche, ein zeitgenössischer tibetischer Meister, erinnert uns an etwas bereits Bekanntes: »Wir brauchen unseren Geist in keiner Weise darin zu üben, leichter gereizt zu reagieren oder eifersüchtig zu werden. Niemand muss uns helfen, schneller wütend zu werden oder unsere Eigenliebe, unsere Selbstverliebtheit zu vergrößern!«[9] Hingegen ist Geistesschulung äußerst wichtig, wenn wir nach Verfeinerung der Achtsamkeit, nach emotionalem Gleichgewicht, nach innerem Frieden streben und Hingabe, die dem Wohl der anderen Wesen zugute kommt, kultivieren wollen. Über das Potenzial, das wir benötigen, um solche Qualitäten bis zur Vollendung zu entwickeln, verfügen wir. Diese Qualitäten werden jedoch nicht von selbst zunehmen, nur weil wir es so wollen. Eine gewisse Übung ist unerlässlich. Wie bereits erwähnt, setzt jede Art von Ausbildung oder Schulung Ausdauer und freudiges Bemühen voraus. Wollen wir lernen, Ski zu laufen, reicht es nicht, bloß eine oder zwei Minuten im Monat zu trainieren.

Achtsamkeit und volle Bewusstheit verfeinern

Galilei hat die Saturnringe dank des von ihm gebauten astronomischen Fernrohres entdeckt, das für diesen Zweck über eine ausreichend große Lichtstärke verfügte. Und er hat das Fernrohr auf eine stabile Unterlage gestellt. Wäre sein Instrument schadhaft gewesen oder hätte er es mit zitternder Hand gehalten, wäre diese Entdeckung nicht möglich gewesen. Entsprechend müssen wir, wenn wir das Zusammenspiel der subtilsten Geistesfunktionen beobachten und auf diese einwirken wollen, unsere Fähigkeit zur Innenschau verfeinern. Dazu gilt es, unsere Aufmerksamkeit nach Kräften zu schärfen, damit sie gefestigt und klar wird. Dann können wir beobachten, wie der Geist funktioniert, wie er die Welt wahrnimmt, und wir lernen zu verstehen, auf welche Weise die Gedanken sich aneinanderreihen. So werden wir schließlich in die Lage versetzt, unsere Geisteswahrnehmung noch weiter gehend zu schärfen, um den allem zugrunde liegenden Bewusstseinsaspekt erkennen zu können: die vollkommen klare und erwachte Natur des Geistes, die – auch in Abwesenheit aller geistigen Hervorbringungen – stets gegenwärtig ist.

Was Meditation nicht ist

Wer meditiert, dem wird mitunter vorgeworfen, zu sehr auf sich selbst bezogen zu sein und sich in einer recht ichbezogenen Innenschau zu gefallen, statt sich um seine Mitmenschen zu kümmern. Ein Unterfangen als egoistisch zu bezeichnen, durch das unsere Selbstbesessenheit von Grund auf beseitigt werden soll, damit wir stattdessen Selbstlosigkeit, altruistische Liebe, kultivieren können, macht allerdings keinen Sinn. Das wäre ungefähr so, als würde man einem angehenden Arzt vorwerfen, dass er Jahre damit verbringt, Medizin zu studieren.

Über Meditation kursieren zahlreiche Klischees. Nehmen wir es gleich vorweg: Beim Meditieren geht es weder darum, den Gedanken Einhalt zu gebieten, um »Leere« im eigenen Geist zu schaffen – was übrigens unmöglich ist –, noch darum, den Geist in endlose Überlegungen zu verwickeln, die Vergangenheit zu analysieren oder die Zukunft vorwegzunehmen. Ebenso wenig aber bleibt Meditation auf schlichte Entspannung beschränkt, auf einen undifferenzierten Bewusstseinszustand, in dem die inneren Konflikte vorübergehend aufs Abstellgleis geschoben werden.

Entspannung ist selbstverständlich *ein* Element der Meditation. Sie besteht allerdings eher in einer gewissen Erleichterung, die sich einstellt, sobald wir uns von unseren Hoffnungen und Befürchtungen lösen, von den Launen des Ich und von dem, woran es haftet: von alldem also, was unseren inneren Konflikten gewöhnlich immer aufs Neue einen Nährboden bietet.

Selbstbeherrschung, die befreit

In der Meditation, das sehen wir später noch, werden die Gedanken weder blockiert noch unablässig genährt. Wir lassen sie einfach kommen und sich im Raum vollkommenen Gewahrseins von selbst wieder auflösen. So können sie den Geist nicht überfluten.

Um es genauer zu sagen: Meditieren bedeutet, den eigenen Geist zu meistern, sich mit einem neuen

Verständnis der Welt vertraut zu machen und eine Seinsqualität zu kultivieren, eine Art und Weise zu *sein*, die nicht mehr unseren gewöhnlichen Denkschemata unterliegt. Am Anfang steht meist eine analytische Reflexion, gefolgt von Kontemplation und zu guter Letzt von innerer Transformation.

Frei sein bedeutet, Herr seiner selbst zu sein. Das soll freilich nicht heißen, dass wir dann tun und lassen, was uns gerade in den Sinn kommt. Vielmehr befreien wir uns vom Zwang der Emotionen, die ansonsten Oberhand haben über den Geist und ihn trüben. Mit anderen Worten: Wir nehmen unser Leben selbst in die Hand, statt es den durch Gewohnheit verfestigten Tendenzen und der geistigen Verwirrung zu überlassen. Auf gar keinen Fall ist damit gemeint, den Schlagbaum loszulassen, die Segel einfach im Wind flattern und das Boot abdriften zu lassen. Mit »frei sein« ist vielmehr gemeint: zu rudern, das Boot auf Kurs zu bringen und es in die vorteilhafteste Richtung zu steuern – in die für uns selbst wie auch für die anderen vorteilhafteste Richtung.

Im Herzen der Wirklichkeit

Meditation soll uns zu einer klareren Sicht der Wirklichkeit verhelfen. Anders als gelegentlich behauptet, ist sie kein Mittel, um der Realität zu entfliehen. Ganz im Gegenteil: Die Wirklichkeit genau so wahrzunehmen, wie sie im Alltag tatsächlich ist, darin besteht der Sinn und Zweck von Meditation. Sie soll uns helfen, die tieferen Ursachen des Leids zu entlarven und jene geistige Verwirrung aufzulösen, die uns dazu bringt, das Glück da zu suchen, wo es nicht zu finden ist. Um zu einer angemessenen Sicht der Dinge zu gelangen, meditieren wir beispielsweise über die wechselseitige Bedingtheit – oder Abhängigkeit – aller Phänomene, über ihren vergänglichen Charakter und die Nichtexistenz des Ich, das wir gemeinhin als eine fest gefügte, eigenständige Entität auffassen, mit der wir uns gewöhnlich vollständig identifizieren.

Diese Meditationen stützen sich zudem auf die Erfahrungen vieler Generationen von kontemplativen Menschen, die ihr Leben lang gedankliche Wechselwirkungen beobachtet und die Natur des Geistes erkundet haben. Von der so gewonnenen Erfahrung ausgehend, haben diese Meditationsmeister schließlich zahlreiche empirische Methoden gelehrt, die es ermöglichen, geistige Klarheit, Achtsamkeit, innere Freiheit, selbstlose Liebe und Mitgefühl zu entwickeln. Dennoch ist es unerlässlich, dass jeder selbst den Wert dieser Methoden herausfindet und die Gültigkeit der Schlussfolgerungen überprüft, zu denen all die weisen Männer und Frauen gelangt sind. Bei dieser Überprüfung handelt es sich nicht einfach nur um einen intellektuellen Vorgang. Vielmehr geht es darum, eigenständig entsprechende Schlussfolgerungen zu ziehen: sie für sich selbst neu zu entdecken und sie durch einen langen Prozess des Vertrautwerdens tief in das eigene Sein zu integrieren. Dieses Unterfangen erfordert Entschlusskraft, Enthusiasmus und Ausdauer. Shantideva spricht in diesem Zusammenhang von der »Freude, das Notwendige zu tun«.[10]

Erst beobachten wir also die Gedanken, um zu verstehen, wie sie sich aneinanderreihen und eine ganze Welt von Emotionen, von Freude und Leid erzeugen. Dann dringen wir weiter vor, hinter den Vorhang der Gedanken: zu dem allem zugrunde liegenden Bewusstsein, dem ursprünglichen Erkenntnisvermögen, dem sämtliche Gedanken und Geistesphänomene entspringen.

Den Affen im Geist freilassen

Um dies bewerkstelligen zu können, lassen wir zunächst einmal den wilden Geist zur Ruhe kommen. Vielfach wird der Geist mit einem gefangenen Affen verglichen, der so ungestüm umherspringt, dass er sich selbst immer mehr in seinen Ketten verheddert, bis er diese schließlich überhaupt nicht mehr zu lockern, geschweige denn zu lösen vermag.

Aus dem Strudel unserer Gedanken kommen erst die Emotionen zum Vorschein, dann die Stimmungen, das Verhalten und ganz allmählich auch unsere Gewohnheiten und Charakterzüge. Was sich auf diese Weise spontan manifestiert, führt freilich nicht an sich schon zu positiven Resultaten, genauso wenig wie man eine gute Ernte haben wird, wenn man die Saat bei starkem Wind ausbringt. Vor allem gilt es also, den eigenen Geist zu meistern, ähnlich wie ein Bauer die Erde vorbereitet, um anschließend die Saat auszubringen.

Wenn wir eingehender darüber nachdenken, welche Vorzüge es hat, in jedem Augenblick unseres Lebens von Neuem die Welt »frisch« zu erfahren, so scheint es kein übertrieben großer Aufwand zu sein, wenigstens zwanzig Minuten am Tag dafür aufzuwenden, den eigenen Geist besser kennenzulernen und ihn zu schulen.

Bestmögliches Sein oder echtes Glück, das ist die Frucht der Meditation, so könnte man sagen. Dieses Glück besteht allerdings nicht in einer Abfolge von angenehmen Eindrücken und Emotionen. Eher handelt es sich um die tief empfundene Gewissheit, das uns innewohnende Einsichts- und Vervollkommnungspotenzial nach besten Kräften verwirklicht zu haben. Dafür lohnt es sich doch, uns auf das Abenteuer der inneren Transformation einzulassen.

3

Wie meditiert man?

Meditation ist keine Sache von Worten, sie will praktiziert werden. Wenn wir uns im Restaurant damit begnügen, nur immer wieder die Speisekarte zu lesen, werden wir unseren Hunger nicht stillen können. Trotzdem ist es für die Meditation sehr hilfreich, in den Werken der Weisen aus alten Zeiten Anleitung zu suchen. Diese Schriften sind eine wahre Fundgrube, legen Ziel und Methode jeder Meditation dar, geben Hinweise, wie man am ehesten Fortschritte macht und in welche Fallen die oder der Praktizierende tappen kann.

Lassen Sie uns nun einige dieser zahlreichen Meditationsmethoden betrachten. Zunächst werfen wir einen Blick auf die Vorbereitungen und allgemeinen Hinweise. Anschließend beschäftigen wir uns mit einigen speziellen, für den spirituellen Weg grundlegenden Meditationen, die hier auf eine möglichst einfache Art und Weise erklärt werden, damit jeder sie Schritt für Schritt durchführen kann. Wer mehr über diese Meditationspraktiken erfahren möchte, findet am Ende des Buches Hinweise auf ausführlichere Werke. Wie wichtig dafür aber die Ratschläge eines erfahrenen Meditationslehrers sind, kann gar nicht genug hervorgehoben werden. Einen qualifizierten Lehrer will dieses Buch keinesfalls ersetzen. Es unternimmt lediglich den Versuch, anhand von authentischen Quellen die Grundlagen des Weges zu erklären.

Viele dieser Übungen, insbesondere diejenigen, die volle Bewusstheit, Geistesruhe, Einsichtsmeditation und selbstlose Liebe betreffen, finden in allen buddhistischen Schulrichtungen Anwendung. Andere, zum Beispiel solche, die beschreiben, wie man mit Emotionen umgeht, stammen aus den Lehren des tibetischen Buddhismus. Dieses Buch wendet sich in erster Linie an diejenigen Leserinnen und Leser, die sich zwar in Meditation üben, jedoch nicht unbedingt den buddhistischen Weg einschlagen möchten. Daher geht es auf bestimmte Grundlagen der eigentlichen buddhistischen Praxis, etwa auf die Zufluchtnahme und auf einige andere speziellere Punkte, nicht ein.

Folgende Themen werden behandelt:
- Die Motivation, die jedem Bemühen vorausgehen und es begleiten sollte;
- günstige Bedingungen für die Meditation:
  - *die Anweisungen eines qualifizierten Lehrers,*
  - *der Meditation zuträgliche Orte,*
  - *eine geeignete Körperhaltung,*
  - *zu Ausdauer motivierender Enthusiasmus;*
- einige allgemeine Ratschläge;

- Kontemplation über vier Punkte, die uns helfen, den Geist der Meditation zuzuwenden:
  - *der Wert der menschlichen Existenz,*
  - *die Vergänglichkeit aller Dinge,*
  - *die Unterscheidung zwischen nützlichen und schädlichen Handlungen,*
  - *der unbefriedigende Charakter der gewöhnlichen Welt;*
- Meditation über volle Bewusstheit;
- Geistesruhe (*Shamatha*):
  - *Achtsamkeit in Bezug auf das Kommen und Gehen des Atems,*
  - *den Geist auf ein Objekt ausrichten,*
  - *geistige Sammlung ohne Objekt,*
  - *Überwindung von Hindernissen,*
  - *die zunehmende Entwicklung von Geistesruhe;*
- Meditation über selbstlose Liebe:
  - *Liebe,*
  - *Mitgefühl,*
  - *sich am Glück der anderen erfreuen,*
  - *Unparteilichkeit,*
  - *wie man diese vier Meditationen miteinander verbindet,*
  - *sich selbst mit anderen austauschen;*
- körperlichen und geistigen Schmerz lindern;
- Einsicht (*Vipashyana*):
  - *die Wirklichkeit besser verstehen,*
  - *mit Gedanken und Emotionen umgehen,*

- *auf der Suche nach dem Ich,*
- *Meditation über die Natur des Geistes;*
• die Früchte unserer Bemühungen dem Wohl aller Wesen widmen;
• Meditation und Alltag miteinander verknüpfen.

Der Geist, das sollten wir uns abschließend noch in Erinnerung rufen, kann nicht nur unser bester Freund sein, sondern auch unser ärgster Feind. Daher ist es so wichtig, dass wir uns von Verwirrung, Ichbezogenheit und den aufwühlenden Emotionen frei machen. Einen größeren Gefallen können wir uns selbst und anderen gar nicht tun.

Die Motivation

Nicht nur zu Beginn der Meditation, sondern am Ausgangspunkt jeder Aktivität sollten wir unsere Motivation überprüfen. Das ist von entscheidender Bedeutung. Je nachdem, ob wir eine ichbezogene oder eine altruistische, eine eher umfassende oder eine begrenzte Motivation haben, lenken wir unsere Handlungen in eine positive oder in eine negative Richtung. Dadurch treffen wir bereits eine maßgebliche Vorentscheidung über das Resultat.

Jeder von uns ist bestrebt, Leid zu vermeiden und glücklich zu sein. Dies verwirklichen zu wollen ist unser aller Grundrecht. Dennoch stehen unsere

Handlungen die meiste Zeit in Widerspruch zum angestrebten Ziel: Wir suchen dort nach Glück, wo es nicht zu finden ist, und wir jagen dem nach, was uns Leid bringen wird. Die spirituelle Praxis des Buddhismus verlangt nun keineswegs von uns, auf all das zu verzichten, was im Leben wirklich vorteilhaft für uns ist und uns guttut. Vielmehr legt sie uns nahe, uns frei zu machen von den eigentlichen Ursachen des Leids, denen wir – ungeachtet ihrer verhängnisvollen Auswirkungen – fast wie einer Droge verfallen sind. Letztlich hat all dies Leid seinen Ursprung in jener Verwirrung des Geistes, die unsere Klarheit und Urteilsfähigkeit trübt. Daher gibt es für uns bloß *ein* Mittel, dem Leid entgegenzuwirken – indem wir eine korrekte Wahrnehmung der Wirklichkeit entwickeln und einen geistigen Wandlungsprozess durchlaufen. So können wir die grundlegenden Ursachen des Leids beseitigen: die Geistesgifte, also Unwissenheit, Missgunst, Gier, Stolz und Eifersucht, die ausnahmslos vom selbstbezogenen und uns in die Irre führenden Anhaften an einem »Ich« herrühren.

Nur uns selbst von unserem persönlichen Leid zu befreien, reicht indes nicht aus. Denn jeder von uns ist lediglich eine einzige Person. Demgegenüber handelt es sich bei den anderen Lebewesen, die ebenso wie wir nicht mehr leiden wollen, um eine unermesslich große Anzahl. Darüber hinaus stehen alle Wesen in wechselseitiger Abhängigkeit voneinander. Wir sind also eng mit allen anderen verbunden. Der innere Wandlungsprozess, den wir durch die Meditation bewirken wollen, soll uns daher letztlich befähigen, alle Lebewesen von ihrem Leid zu befreien und nach Kräften zu ihrem Wohlergehen beizutragen.

Meditation

Besinnen wir uns nun auf unsere derzeitige Situation. Gibt es an unseren Verhaltensweisen oder gewohnheitsmäßigen Reaktionen nichts zu verbessern? Versuchen wir, einen möglichst tiefen Einblick in unser Inneres zu gewinnen? Entdecken wir dort vielleicht ein Veränderungspotenzial? Innere Wandlung lässt sich erreichen, sofern wir nur entschlossen genug und mit Klarblick vorgehen. Darauf dürfen wir vertrauen.

Fassen wir den Vorsatz, uns nicht nur zu unserem eigenen Wohl zu verbessern! Nehmen wir uns auch und vor allem vor, eines Tages fähig zu werden, das Leid der anderen Wesen zu verringern und ihnen zu dauerhaftem Glück zu verhelfen. Lassen Sie uns dies mit zunehmender, tief in uns verankerter Entschlossenheit tun.

Zur Inspiration

»Legen wir Engstirnigkeit oder Offenheit an den Tag? Betrachten wir eine Situation in ihrer Gesamtheit oder beschränken wir uns auf Einzelaspekte? Bezieht sich unsere Perspektive auf die nahe oder die ferne Zukunft? Ist unsere Motivation wirklich von Mitgefühl durchdrungen? ... Beschränkt sich unser Mitgefühl auf unsere Familie, unsere Freunde und auf all diejenigen, mit denen wir uns identifizieren? Wir sollten nicht müde werden, uns solche Fragen zu stellen.«

Der Vierzehnte Dalai Lama

Möge der kostbare Erleuchtungsgedanke in mir geboren werden,
sofern ich ihn noch nicht hervorgebracht habe.
Einmal hervorgebracht, möge er niemals abnehmen, sondern sich mehr und mehr entwickeln.

Bodhisattvagelübde

Günstige Bedingungen für die Meditation

Die Anweisungen eines qualifizierten Lehrers

Um meditieren zu können, muss man wissen, wie man meditiert. Darum ist es außerordentlich wichtig, einen qualifizierten Lehrer zu haben: im besten Falle einen authentischen spirituellen Meister mit ausgiebiger persönlicher Erfahrung, eine unerschöpfliche Quelle der Inspiration und des Wissens. Denn die Kraft des persönlichen Vorbilds und die Tiefgründigkeit der lebendigen Übertragung sind durch nichts zu ersetzen. Die schiere Präsenz eines solchen Meisters inspiriert uns. Schweigend, allein schon durch die Art und Weise, da zu sein, gibt er – oder sie – uns Unterweisung und wird zudem ein wachsames Auge darauf haben, dass wir nicht auf Irrwege geraten.

Sollten wir keine Gelegenheit haben, einen solchen Meister zu treffen, können wir uns auch an die Ratschläge einer zuverlässigen Person halten, die über größere Erfahrung und mehr Wissen verfügt als wir und deren Anweisungen sich auf eine verbürgte, vielfach erprobte und bewährte Tradition stützen. Ansonsten bedient man sich lieber eines Textes. Der kann, wie etwa der hier vorliegende, durchaus sehr einfach sein – vorausgesetzt, er stammt aus zuverlässigen Quellen. Das ist wesentlich besser, als sich einem Lehrer anzuvertrauen, dessen Lehren doch nur der eigenen Fantasie entspringen.

Der Meditation zuträgliche Orte

Die Umstände unseres Alltags sind der Meditation nicht immer förderlich. Unsere Zeit und unser Geist werden von allen möglichen Aktivitäten und endlos vielen Aufgaben, die es zu erledigen gilt, in Anspruch genommen. Daher ist es als Erstes notwendig, für günstige Rahmenbedingungen zu sorgen. Man kann und sollte die positiven Auswirkungen der Meditation aufrechterhalten, während man in den Alltag eintaucht und den gewöhnlichen Verpflichtungen nachgeht – besonders indem man sich auf die Übung der »vollen Bewusstheit« stützt.

Zu Beginn ist es jedoch unabdingbar, in einem geeigneten Umfeld den Geist zu schulen. Die Grundlagen der Seefahrt lernt man nicht, während ein Unwetter tobt, sondern an einem schönen Tag bei ruhiger See. Ebenso sollte man am Anfang besser an einem ruhigen Ort meditieren, damit der Geist Gelegenheit erhält, Klarheit und Stabilität zu gewinnen. In den buddhistischen Texten wird gern auf das Bild einer Butterlampe zurückgegriffen. Setzt man diese ständig dem Wind aus, ist ihr Widerschein schwach und sie kann jederzeit verlöschen. Schützt man sie hingegen vor dem Wind, ist ihre Flamme ruhig, und sie leuchtet hell. Mit dem Geist verhält es sich nicht anders.

Eine geeignete Körperhaltung

Die Körperhaltung beeinflusst den Zustand des Geistes. Nehmen wir eine zu entspannte Haltung ein, wird unsere Meditation sehr wahrscheinlich in Dumpfheit und Schläfrigkeit abgleiten. Andererseits kann eine zu starre und angespannte Haltung innere Unruhe hervorrufen. Es kommt also darauf an, eine ausgeglichene Position einzunehmen, die weder zu angespannt noch zu lasch ist. In den Texten wird eine *Vajrasana* (»Diamanthaltung«) genannte Körperhaltung in sieben Punkten beschrieben:

1. Die Beine werden in der *Vajra*-Haltung, gemeinhin als »Lotossitz« bekannt, gekreuzt: Man legt das rechte Bein über das linke, anschließend das linke Bein über das rechte. Sollte sich das als zu schwierig erweisen, kann man stattdessen auch den halben Lotossitz (*Sukhasana*, die »glückliche Haltung«) einnehmen. Dazu wird das rechte Bein unter die linke Wade und das linke Bein unter die rechte Wade geschoben.

2. Die Hände ruhen im Schoß, in der Geste des Gleichmuts, die rechte Hand auf der linken, wobei sich beide Daumenspitzen berühren. Bei einer Variante dieser Haltung legt man beide Hände flach auf die Knie, die Handflächen nach unten gewendet.

3. Die Schultern sind vollkommen entspannt und leicht nach hinten genommen.

4. Die Wirbelsäule ist vollkommen gerade, »wie ein Stapel Goldstücke«.

5. Das Kinn hat man leicht nach innen zur Kehle hin eingezogen.

6. Die Zungenspitze berührt die Oberseite des Gaumens.

7. Der Blick geht gerade nach vorn oder wird in Richtung Nasenspitze leicht nach unten gesenkt, die Augen können ganz geöffnet oder halb geschlossen sein.

Sollte uns das Sitzen mit gekreuzten Beinen schwerfallen, kann man selbstverständlich auch auf einem Stuhl oder einem höheren Kissen meditieren. Eine ausgewogene Haltung mit geradem Rücken und unter Beachtung der anderen eben beschriebenen Punkte ist von großer Bedeutung. Verweilt der Körper in kerzengerade aufgerichteter Haltung, heißt es in den Texten, sind die feinstofflichen Energiekanäle ebenfalls gerade, und infolgedessen ist der Geist klar.

Dennoch können wir in Abhängigkeit vom Meditationsverlauf die Körperhaltung leicht variieren. Bei Neigung zu Dumpfheit oder gar Schläfrigkeit achten wir besonders darauf, dass der Oberkörper aufgerichtet ist, und erhöhen ein wenig die Körperspannung. Zugleich richten wir auch den Blick mehr nach oben. Ist der Geist zu unruhig, nehmen wir eine etwas entspanntere Haltung ein und senken den Blick ein bisschen.

Die angemessene Haltung wird so lange wie möglich beibehalten. Wird sie jedoch zu unbequem, ist es besser, sich eine Zeit lang zu entspannen, statt unablässig von Schmerzen abgelenkt zu sein. Im Rahmen der eigenen Möglichkeiten kann man die Erfahrung des Schmerzes auch hinnehmen, ohne sie abzuwehren oder zu verstärken, und sie wie jede andere angenehme oder unangenehme Empfindung in der vollen Bewusstheit des gegenwärtigen Augenblicks annehmen. Darüber hinaus kann man die Sitzmeditation im Wechsel mit dem kontemplativen Gehen praktizieren. Diese Methode wird später ausführlicher beschrieben.

Enthusiasmus zur Erhöhung der Ausdauer

Damit wir uns für eine Sache interessieren und bereit sind, Zeit für sie aufzuwenden, müssen wir zunächst einmal ihre Vorteile erkennen. Wenn wir über den möglichen Nutzen des Meditierens nachdenken und vielleicht schon selbst ein bisschen erfahren, stärkt dies unsere Ausdauer. Das soll nun freilich nicht besagen, sich in Meditation zu üben sei stets angenehm. Wir können das Meditieren mit einer Bergtour vergleichen, die keineswegs in jedem Augenblick die reinste Freude für uns ist. Vor allem brauchen wir also ein ausreichend starkes Interesse, damit wir ungeachtet der Höhen und Tiefen, die wir in der spirituellen Praxis durchlaufen, in unserem Bemühen nicht nachlassen. Indem wir die befriedigende Erfahrung machen, dem gesteckten Ziel näher zu kommen, werden wir in unserer Entschlossenheit bestärkt, und wir sehen, dass die Mühe sich lohnt.

Ein paar allgemeine Empfehlungen

In der Meditation kommt es entscheidend darauf an, von Tag zu Tag eine Kontinuität zu wahren. Auf diese Weise gewinnt unsere Meditation mit der Zeit an Kraft und Stabilität, ähnlich einem Rinnsal, das sich nach und nach in einen Bach verwandelt und schließlich zu einem Fluss anschwillt.

In den Schriften wird uns geraten, lieber regelmäßig für kürzere Zeit zu meditieren, als nur hin und wieder eine längere Sitzung einzulegen. Wir können beispielsweise zwanzig Minuten am Tag meditieren und ansonsten in den Pausen, die uns zwischen unseren Aktivitäten bleiben, die Zeit – und seien es auch nur wenige Minuten – für eine Auffrischung der in der formellen Meditation gewonnenen Erfahrungen nutzen. In aller Regel werden diese kurzen Meditationen von besserer Qualität sein und uns das Gefühl vermitteln, dass wir stetig praktizieren. Damit eine Pflanze gedeiht, müssen wir sie jeden Tag ein wenig gießen. Wenn wir uns damit begnügen, ihr nur einmal im Monat einen großen Eimer voll Wasser zu geben, wird sie in der Zwischenzeit wahrscheinlich vertrocknen. Ebenso verhält es sich mit der Meditation. Dennoch können wir ihr, das versteht sich eigentlich von selbst, manchmal ruhig auch etwas mehr Zeit widmen.

Wenn wir mal meditieren, dann wieder nicht, wenn also die Kontinuität fehlt, verfallen wir zwischenzeitlich in alte Gewohnheiten und erliegen wieder unseren negativen Emotionen, ohne in der Meditation einen Rückhalt zu haben. Meditieren wir hingegen regelmäßig, und sei es auch nur kurz, werden wir fähig, zwischen den formellen Sitzungen einen gewissen Teil unserer meditativen Erfahrung aufrechtzuerhalten.

Weiter heißt es, der Fleiß dürfe nicht von momentanen Launen abhängen. Gleichgültig, ob unsere Meditationssitzung angenehm oder langweilig, einfach oder schwierig ist – ausdauernd zu üben, darauf kommt es an. Die Praxis entfaltet übrigens im Allgemeinen gerade dann die größte Wirkung, wenn wir keine besondere Lust verspüren zu meditieren, da sie in dem betreffenden Moment gezielt bei einem Hindernis für unseren spirituellen Fortschritt ansetzt.

Zugleich sollte unser Bemühen ausgeglichen sein, und zwar in der Weise, dass wir weder zu angespannt noch zu entspannt sind. Darauf werden wir später ausführlicher eingehen. Einer der Schüler des Buddha vermochte der Vina, einem der Sitar ähnlichen Saiteninstrument, wundervolle Klänge zu entlocken. Andererseits hatte dieser Schüler große Schwierigkeiten zu meditieren. Daher wandte er sich an den Buddha: »Manchmal unternehme ich ganz enorme Anstrengungen, mich zu sammeln, und bin daraufhin viel zu angespannt. Dann wieder versuche ich, mich zu entspannen, lasse mich jedoch gehen und versinke in Dumpfheit. Was kann ich nur tun?« Der Buddha antwortete ihm mit einer Gegenfrage: »Wenn du dein Instrument stimmst, wie spannst du deine Saiten, um den schönsten Wohlklang zu erhalten?« Der Musiker erwiderte ihm: »Weder zu stramm gespannt noch zu locker dürfen sie sein.« Daraufhin der Buddha: »Ebenso verhält es sich mit der Meditation: Auch sie kann sich nur harmonisch entwickeln, wenn man ein Gleichgewicht zwischen Anstrengung und Entspannung findet.«

Darüber hinaus wird empfohlen, den verschiedenen inneren Erfahrungen, die im Verlauf der Meditation auftauchen können – Glückseligkeit, innere Klarheit oder Abwesenheit von Gedanken –, weiter keine Bedeutung beizumessen. Diese Erfahrungen gleichen Landschaften, die man während einer Zugfahrt vorüberziehen sieht. Sicher kämen wir nicht auf die Idee, jedes Mal, wenn sich eine interessante Aussicht bietet, den Zug zu verlassen. Schließlich wollen wir ja an unser Reiseziel gelangen. Und bei der Meditation besteht unser Ziel darin, uns im Laufe der Monate und Jahre innerlich zu wandeln. Von einem Tag zum anderen werden wir dabei kaum jemals Fortschritte wahrnehmen können, so wie sich, einmal abgesehen vom Sekundenzeiger, die Zeiger einer Uhr, wenn man sie mit den Augen fixiert, nicht zu bewegen scheinen. Fleiß ist daher angebracht, Ungeduld hingegen nicht. Eile verträgt sich schlecht mit Meditation, denn jede tiefer gehende Wandlung braucht ihre Zeit.

Voraussichtlich wird der Weg recht lang sein. Doch das ist nicht weiter von Bedeutung. Und es bringt uns nichts, wenn wir uns eine Frist setzen, innerhalb derer wir das Ziel erreichen wollen. Zu wissen, dass wir uns in die richtige Richtung bewegen, darauf kommt es an. Überdies ist spiritueller Fortschritt nicht eine Frage von »alles oder nichts«. Jeder Schritt, jede Etappe trägt zu unserer Zufriedenheit und zur inneren Entfaltung bei.

Unser Ziel besteht also nicht darin, von Zeit zu Zeit ein paar flüchtige Erfahrungen zu machen, sondern nach einigen Monaten oder Jahren der Meditationspraxis zu sehen, dass wir uns tatsächlich dauerhaft auf tief greifende Weise verändert haben.

Den Geist der Meditation zuwenden

Damit wir uns der Meditation mit umso größerer Entschlossenheit zuwenden, richten wir unser Augenmerk auf vier Überlegungen: Wir besinnen uns (1) auf den Wert des menschlichen Daseins, (2) auf seine flüchtige, unsichere Natur und die Vergänglichkeit aller Dinge, (3) auf die Unterscheidung zwischen nützlichen und schädlichen Handlungen, (4) auf den unbefriedigenden Charakter der gewöhnlichen Welt.

Der Wert des menschlichen Daseins

Ein Mindestmaß an Freiheit und an glücklichen Umständen vorausgesetzt, bietet das menschliche Dasein außerordentliche Möglichkeiten zu innerem Wachstum. Dieses Leben bietet, sofern wir es nach bestem Wissen und Gewissen nutzen, die einzigartige Gelegenheit, uns zu entwickeln und das Potenzial zu verwirklichen, das wir alle in uns tragen, jedoch allzu leicht vernachlässigen und vergeuden. Unsere fundamentale Unwissenheit – oder geistige Verwirrung – und die aufwühlenden Emotionen verdecken freilich dieses Potenzial, und so bleibt es die meiste Zeit in uns verschüttet, ähnlich wie in dem zuvor angesprochenen Beispiel von dem Bettler, unter dessen Hütte ein verborgener Schatz ruht. Die Qualitäten, die man sich zu eigen macht, während man auf dem spirituellen Weg voranschreitet, zeigen, wie dieses Potenzial allmählich zum Vorschein kommt: ähnlich einem Goldklumpen, der erst dann in vollem Glanz erstrahlt, wenn er immer wieder gereinigt und poliert wird.

Meditation

Wir besinnen uns darauf, wie überaus kostbar das menschliche Leben ist, und all unser Bestreben gilt der Einsicht in die Quintessenz des menschlichen

Daseins. Verglichen mit der Existenzform der Tiere schenkt das menschliche Dasein uns die außerordentliche Gelegenheit, nützliche Werke zu vollbringen, deren Tragweite über den beschränkten Rahmen unserer individuellen Persönlichkeit weit hinausreicht. Die menschliche Intelligenz verschafft uns enorme Möglichkeiten – sie kann von unermesslich großem Nutzen sein, aber ebenso schreckliches Unheil anrichten. Es wäre wünschenswert, diese Intelligenz dahin gehend einzusetzen, dass sie allmählich das Leid beseitigt, um wahres Glück zutage treten zu lassen. Das hoffen und wünschen wir nicht nur für uns selbst, sondern auch für alle anderen, damit jeder Augenblick lebenswert wird. Zum Zeitpunkt des Todes werden wir dann nichts bereuen: ähnlich wie ein Bauer, der bei der Feldarbeit mit ganzem Herzen bei der Sache war und seine Äcker nach besten Kräften bestellt hat. Wir verweilen eine Zeit lang in dieser höchsten Wertschätzung des menschlichen Daseins.

Zur Inspiration

»Eine der Hauptschwierigkeiten bei dem Versuch, den eigenen Geist zu untersuchen, ist die tiefe, vielfach unbewusste Überzeugung, man sei nun einmal so, wie man ist, und daran könne man nichts ändern. In meiner Kindheit habe ich diese Art von sinnlosem Pessimismus selbst empfunden, und während meiner Reisen um die Welt habe ich ihn oft bei anderen Menschen wahrgenommen. Jeder Versuch, sich zu ändern, wird durch die Vorstellung, der Geist sei etwas Starres, von Grund auf verhindert. Vielfach sind wir uns dessen nicht einmal bewusst.

Manche Menschen haben mir von dem Versuch erzählt, sich mithilfe von positiven Leitsätzen, von Gebeten oder Visualisierungen zu ändern. Oft haben die Betreffenden aber schon nach einigen Tagen oder Wochen aufgegeben, weil für sie nicht sofort ein Resultat erkennbar war. Da die so angewendeten Methoden ohne Wirkung blieben, verwerfen sie nun rundum die Vorstellung von geistiger Transformation. Demgegenüber hat mich bei meinen Gesprächen mit Gelehrten aus unterschiedlichsten Ländern eines überrascht: Fast die gesamte wissenschaftliche Gemeinschaft stimmt darin überein, das Gehirn sei so strukturiert, dass unsere Erfahrung von Tag zu Tag wirkliche Veränderungen durchlaufen kann.«[11]

Yongey Mingyur Rinpoche

Die Vergänglichkeit aller Dinge

Wozu soll es eigentlich gut sein, über die Vergänglichkeit der Lebewesen und der Dinge nachzudenken? Das menschliche Leben, und sei es auch noch so kurz, hat einen unschätzbaren Wert. Die Kontemplation über Vergänglichkeit hilft uns demnach zu würdigen, wie wertvoll die Zeit für uns ist: Jede Sekunde des Lebens ist kostbar. Gewöhnlich lassen wir zu, dass die Zeit einfach verstreicht; wie feiner Goldstaub, der uns zwischen den Fingern hindurchrinnt. Warum aber verschieben wir Angelegenheiten, die – wie wir intuitiv erfassen – von ganz entscheidender Bedeutung sind, ständig auf später? Selbstverständlich brauchen wir nicht vor Ungeduld gewissermaßen mit den Füßen zu scharren, nur weil wir so schnell wie möglich Resultate zu sehen bekommen wollen. Notwendig aber ist der unerschütterliche Entschluss, keine Zeit mehr mit belanglosen Zerstreuungen zu verlieren. Keinesfalls sollten wir uns von der Illusion täuschen lassen, »das ganze Leben liege noch vor uns«. Jeder Augenblick unseres Daseins ist kostbar, denn unversehens kann der Tod jederzeit eintreten.

Mit welchen Augen wir den Tod betrachten, hat weitreichenden Einfluss auf unsere Lebensqualität. Manche Menschen haben große Angst vor dem Tod, andere denken lieber erst gar nicht an ihn, wieder andere machen ihn zum Gegenstand der Meditation, um jedem Augenblick des Daseins mit größerer Wertschätzung begegnen und besser unterscheiden zu können, was ihnen wirklich lebenswert erscheint. Für jeden von uns ist der Tod unausweichlich; darin sind alle Menschen einander vollkommen gleichgestellt. Hingegen unterscheiden sie sich in der Art, wie sie sich auf ihn vorbereiten. Ein Weiser nimmt die Einsicht in die eigene Sterblichkeit – die unabweisbare Tatsache, dass er, wie alle anderen, dem Tod nicht entrinnen wird – als Ansporn, sich beherzt und unverzagt den Anforderungen des Lebens zu stellen, statt seine Zeit mit nichtigen Zerstreuungen zu vertun. Der Tod ist für ihn beileibe keine fixe Idee. Da er jedoch weiß, wie flüchtig und hinfällig, wie unsicher das Leben ist, vermag er der Lebensspanne, die ihm noch verbleibt, ihren wahren Wert beizumessen. Wer jeden Augenblick nutzt, um ein besserer Mensch zu werden und zum Glück seiner Mitmenschen beizutragen, wird schließlich in Frieden sterben können.

Wenn wir uns des fundamental wechselhaften Charakters alles Existierenden bewusst werden, wie können wir dann noch meinen, jemand sei von Grund auf schlecht oder eine Sache sei für immer begehrenswert oder hassenswert? Wie kann ich denken, etwas sei wirklich »mein«? Wie können wir noch an ein dauerhaftes »Ich« inmitten unseres sich ständig wandelnden Bewusstseinsstroms glauben?

Die Einsicht, dass es in der Natur aller Phänomene der belebten und unbelebten Welt liegt, sich zu verändern, bewahrt uns davor, an den Dingen zu haften, als würden sie ewig bestehen – ein Irrglaube, der früher oder später zur Ursache von Leid wird, da er völlig in Widerspruch zur Wirklichkeit steht. Sind wir uns hingegen der Vergänglichkeit bewusst, erkennen wir beim Eintreten einer Veränderung, dass sie der ureigenen Natur der Dinge gemäß erfolgt, infolgedessen macht Veränderung uns dann nicht so sehr zu schaffen.

Meditation

Wir denken an die Abfolge der Jahreszeiten, Monate, Tage, Augenblicke und an die vielfältigen, das Leben der empfindenden Wesen betreffenden Veränderungen; dann denken wir an den Tod: Ihm entgehen können wir nicht, doch die Stunde unseres Todes kennen wir nicht. Wer weiß, wie viel Zeit mir noch bleibt? Selbst wenn ich ein hohes Alter erreichen sollte, wird das Ende meines Lebens ebenso schnell vergangen sein wie der Anfang. Daher ist es so wichtig, im tiefsten Grund meiner selbst zu bedenken, was im Leben wirklich zählt, und die mir verbleibende Zeit möglichst fruchtbar zu gestalten, zum eigenen Wohl und dem der anderen. Wenn ich meditieren möchte, um meine inneren Qualitäten zu entwickeln, kann ich gar nicht früh genug damit beginnen.

 Zur Inspiration

Wenn dieses Leben, geschlagen vom Wind der tausend Übel,
weitaus unbeständiger ist als eine auf dem Wasser schwimmende Luftblase,
welch ein Wunder ist es da, dass ich, nachdem ich geschlafen habe,
weiterhin ein- und ausatmend, munter wieder erwache!

Nagarjuna

»Zu Beginn sollte man sich von der Angst vor dem Tod so verfolgt fühlen wie ein Hirsch, der aus einer Falle entkommen konnte. Nach der Hälfte des Weges sollte man wie ein Bauer, der sein Feld mit Sorgfalt bestellt hat, nichts bedauern müssen. Am Ende sollte man glücklich sein wie jemand, der eine große Aufgabe bewältigt hat.«

Gampopa

Die Unterscheidung zwischen nützlichen und schädlichen Handlungen

Wie können wir dieses kostbare, aber so gefährdete und unsichere menschliche Dasein, das jederzeit zu Ende sein kann, auf bestmögliche Weise nutzen?

Wenn wir ein Projekt durchführen oder eine Aktivität verrichten und uns dabei sicher sein wollen, dass wir unsere Sache wirklich gut machen, müssen wir uns erst einmal vergewissern, ob unsere Vorgehensweise die richtige ist. Manches sollte man tun, anderes eher lassen. Ein Seemann auf hoher See, ein Bergführer oder ein guter Handwerker, sie alle wissen genau, dass man zu nichts kommt, wenn man nur den momentanen Launen gehorcht. Das gilt umso mehr für jemanden, der das Ziel verfolgt, sich vom Leid zu befreien. Woher wissen wir aber, welches Vorgehen richtig ist? Hier geht es für uns nicht darum, uns auf ein Dogma zu berufen, um zwischen »gut« und »schlecht« zu unterscheiden, oder uns an vorgegebene Konventionen zu halten. Wir brauchen lediglich mit klarem Blick denjenigen Zusammenhängen, die zu Glück oder Leid führen, Rechnung zu tragen. Mit ein wenig Achtsamkeit können wir die entsprechenden Zusammenhänge selbst beobachten. Wenn wir die Hand ins Feuer halten, erkennen wir, dass wir nicht darauf hoffen sollten, uns auf diese Weise keine Verbrennung zuzuziehen. Auch ist es nicht wünschenswert, dass wir mit dem Handeln so lange warten, bis wir ganz genau wissen, welche Konsequenzen unsere Entscheidungen haben. In jeder Lebenslage alle Folgen unserer Handlungen abzusehen ist natürlich schwierig. Zumindest aber können wir unsere Motivation prüfen, um sicherzustellen, dass es uns nicht bloß um das eigene Wohl, sondern auch und vor allem um das Wohl der anderen Wesen geht.

Meditation

In tiefer innerer Sammlung erkennen wir an, dass wir uns vom Leid befreien und wahres Glück finden möchten. Wir machen uns aufrichtig bewusst, dass sämtliche Lebewesen danach streben. Wir bedenken die Verkettung von Ursachen und Wirkungen, in deren Folge bestimmte Arten von Gedanken, Worten und Handlungen – diejenigen zum Beispiel, die auf Hass, Gier, Eifersucht und Arroganz zurückgehen – Leid hervorrufen, während andere, die auf Wohlwollen und Weisheit beruhen, uns tiefe Zufriedenheit verschaffen. Daraus ziehen wir unsere Schlussfolgerungen, die besagen, was es zu tun und was es zu unterlassen gilt, und sind fest entschlossen, im Sinne dieser Einsichten zu handeln.

Zur Inspiration

In dem Versuch, ihm zu entkommen,
stürzen wir uns ins Leid.
Wir streben zwar nach Glück, aufgrund unserer Unwissenheit
zerstören wir es jedoch, als sei es unser Feind.[12]

Shantideva

Der unbefriedigende Charakter der gewöhnlichen Welt

Unsere Situation, so haben wir gesehen, ist alles andere als befriedigend. Und uns innerlich zu wandeln ist nicht nur wünschenswert, sondern auch möglich. Sicherlich können wir, um die unbefriedigenden Aspekte unseres Daseins zu vergessen, in vielerlei Ablenkungen und Zerstreuungen flüchten. Oder wir können versuchen, diese Unzufriedenheit zu kaschieren, sie hinter einer attraktiv und interessant anmutenden Fassade zu verstecken – beispielsweise hinter nicht enden wollenden Aktivitäten, einer Flut von Sinneserfahrungen oder dem Streben nach Reichtum, Macht und Ruhm. Die Wirklichkeit, und mit ihr das Leid, wird dahinter jedoch immer wieder zum Vorschein kommen. Darum sollten wir besser der Wirklichkeit ohne Umschweife ins Auge schauen und den Entschluss fassen, die wahren Ursachen des Leids von Grund auf zu beseitigen, während wir zugleich die Ursachen wahren Glücks kultivieren.

Meditation

Vergegenwärtigen wir uns für einige Augenblicke, über welches Potenzial zu innerer Wandlung wir verfügen. Wie auch immer unsere momentane Situation sein mag, stets haben wir die Möglichkeit, uns zu entwickeln und zu verändern. Zumindest unsere Wahrnehmung der Dinge können wir zunächst verändern – und schließlich, Schritt für Schritt, auch unser gesamtes Sein. Wir sollten zutiefst entschlossen sein, uns aus der gegenwärtigen Situation zu befreien, und genügend Enthusiasmus und Ausdauer an den Tag legen, um diejenigen Qualitäten, die latent bereits in uns vorhanden sind, zu entwickeln.

Zur Inspiration

»Indem wir unser Leben lang weltlichen Zielen hinterherlaufen – Vergnügung, Gewinn, Lob, Ruhm usw. –, vergeuden wir unsere Zeit wie ein Fischer, der seine Netze in einem trockenen Flussbett auslegt. Vergesst das nicht, und gebt acht, dass ihr euch nicht ein Leben lang im Streben nach nichtigen Dingen aufreibt.«[13]

Dilgo Khyentse Rinpoche

Meditation über volle Bewusstheit

Allzu oft schweift unsere Aufmerksamkeit ab, verliert sich der Geist in einer Vielzahl von Gedankenabfolgen und Assoziationsketten, in denen Erinnerungen und Zukunftsprojektionen sich vermischen. Wir sind abgelenkt, zerstreut, verwirrt und darum von der Wirklichkeit abgekoppelt, getrennt von dem, was unmittelbar gegenwärtig ist. Was sich im gegebenen Moment abspielt – unsere Umwelt, unsere Empfindungen, auf welche Weise ein Gedanke den nächsten nach sich zieht – nehmen wir kaum noch wahr. Und vor allem nehmen wir nicht wahr, wie unsere Überlegungen den jederzeit gegenwärtigen Geist, unser Bewusstsein, trüben. Unsere Gedankenmuster sind genau das Gegenteil von vollständiger Bewusstheit. Denn volle Bewusstheit bedeutet, vollkommen wach zu sein für alles, was sich im jeweiligen Moment zeigt, sich in uns und um uns herum manifestiert: für alles, was wir sehen, hören, fühlen oder denken. Und dazu gehört auch, dass wir die Natur dessen, was wir wahrnehmen, *verstehen*, ohne dass es dabei zu einer Verzerrung durch unsere Neigungen oder Abneigungen kommt. Volle Bewusstheit beinhaltet darüber hinaus zugleich eine *ethische Komponente*, die es uns ermöglicht, zu erkennen, ob es gut ist, einen bestimmten Geisteszustand aufrechtzuerhalten, beziehungsweise mit dem weiterzumachen, was wir im gegebenen Moment gerade tun.

Die Vergangenheit existiert nicht mehr, die Zukunft ist noch nicht da, und die Gegenwart bleibt ungreifbar, sie lässt sich, da sie nie zum Stillstand kommt, niemals dingfest machen und ist paradoxerweise zugleich unabänderlich. Bei einem berühmten Physiker heißt es dazu: »Nur eines hat kein Ende: die Gegenwart.«[14] Volle Bewusstheit des gegenwärtigen Moments bedeutet nicht, keine Lehren aus der Vergangenheit zu ziehen oder keine Zukunftspläne mehr zu schmieden. Vielmehr bedeutet es, die jetzige Erfahrung, die beides mit einschließt, in aller Klarheit zu erleben.

Meditation 1

Wir beobachten, was in unserem Bewusstsein auftaucht. Dabei zwingen wir ihm nichts auf, lassen uns von nichts anziehen oder abstoßen. In kontemplativer Betrachtung widmen wir uns dem, was sich vor uns befindet, einer Blume zum Beispiel, lauschen achtsam den Geräuschen von nah und fern, riechen die Düfte und Gerüche, fühlen die Oberfläche der Dinge, die wir berühren, achten genau auf die unterschiedlichen Empfindungen, nehmen die charakteristischen Merkmale klar und deutlich wahr. Bei allem, was wir tun, ob wir nun gehen, sitzen, schreiben, abwaschen oder eine Tasse Tee trinken, sind wir voll und ganz präsent. Es gibt keine »angenehmen« oder »unangenehmen« Aufgaben mehr, da volle Bewusstheit nicht davon abhängt, was wir gerade tun, sondern auf welche Weise wir es tun: mit einer klaren und friedlichen, achtsamen und über die Beschaffenheit des gegenwärtigen Moments staunenden Geistesgegenwart. Dabei wird der Wirklichkeit nichts hinzugefügt, was der Geist konstruiert hat.

Bei dieser Übung hören wir auf, endlos zwischen Anziehung und Ablehnung hin- und herzuschwanken. Wir sind einfach aufmerksam, klar. Jeder Wahrnehmung oder Empfindung, jedes Gedankens, der auftaucht und wieder verschwindet, sind wir uns bewusst. Wir spüren die Frische dieses gegenwärtigen Moments. Ruft das nicht eine Erfahrung von lichter Weite und heiterer Gelassenheit in uns hervor?

Zur Inspiration

»Wenn ihr während der Meditation einen Klang hört oder ein Geräusch, richtet eure Aufmerksamkeit nur auf die Erfahrung des Hörens. Dies und ausschließlich dies [...]. Kein geistiger Film. Keine Vorstellung. Kein innerer Dialog über das Thema. Einfach nur Geräusche. Die Wirklichkeit ist von schlichter Eleganz und schnörkellos. Wenn ihr einen Klang hört, richtet eure Achtsamkeit auf den Hörvorgang. Alles andere ist hinzugefügtes Geschwätz. Lasst es beiseite.«[15]

Bhante Henepola Gunaratna

Meditation 2

Das achtsame Gehen

Viele Meditierende bedienen sich der folgenden Methode, um volle Bewusstheit zu entwickeln. Sie besteht darin, so zu gehen, dass man unabgelenkt auf jeden Schritt achtet, voll und ganz. Um uns selbst der kleinsten Bewegung vollauf bewusst zu sein, müssen wir relativ langsam gehen; jedoch nicht so langsam, dass wir das Gleichgewicht verlieren. Bei jedem Schritt achten wir auf unser Gleichgewicht, außerdem darauf, wie wir die Ferse, dann den ganzen Fuß auf den Boden setzen, und wie sich anschließend der andere Fuß vom Boden hebt, um ein Stück weiter wieder aufzusetzen. Mit leicht gesenktem (einige Schritte vor uns den Boden erreichendem) Blick richten wir die Aufmerksamkeit im Wesentlichen auf das Gehen selbst. Wenn wir nicht viel Platz haben, schreiten wir in dem zur Verfügung stehenden Raum hin und her. Wenn wir umkehren, legen wir jedes Mal für ein paar Augenblicke eine kleine Pause ein und verweilen in der vollen Bewusstheit der zum Stillstand gekommenen Bewegung. Das achtsame Gehen können wir auch mit der vollen Bewusstheit all dessen verbinden, was wir antreffen, sehen, hören und fühlen, so wie es nachfolgend erläutert wird.

Zur Inspiration

»Gehen um der einfachen Freude willen, zu gehen, frei und mit Gewissheit, ohne jegliche Eile. Bei jedem Schritt, den wir ausführen, sind wir gegenwärtig. Wenn wir sprechen möchten, halten wir inne und schenken der Person vor uns beziehungsweise neben uns, dem Sprechen und Zuhören, unsere volle Aufmerksamkeit. […] Wir halten an, schauen uns um und sehen, wie schön das Leben ist: die Bäume, die weißen Wolken und die Unendlichkeit des Himmels. Hört den Vögeln zu, schmeckt die Leichtigkeit des Lufthauchs. Lasst uns wie freie

Wesen gehen, und fühlt, wie unser Schritt, während wir gehen, leichter und leichter wird. Freuen wir uns an jedem Schritt, den wir gehen.«[16]

Thich Nhat Hanh

Geistesruhe

Durch Meditation soll der Geist von Unwissenheit und Leid befreit werden. Wie geht man dabei vor? Der bloße Wunsch, dies zu erreichen, reicht nicht aus. Es bedarf eines systematischen Vorgehens, um den Geist von den Schleiern, die ihn trüben, zu befreien. Dem Geist selbst fällt diese Aufgabe zu, deshalb vergewissern wir uns als Erstes, ob er dazu fähig ist. Wenn er nicht einen einzigen Moment lang ruhig zu bleiben vermag, wie könnte er sich dann von Unwissenheit befreien? Der Geist ähnelt einem Affen, dem man zahlreiche Fesseln angelegt hat. Unablässig springt der Affe in alle erdenklichen Richtungen. Wie gerne würde er sich befreien. Da er aber nicht stillhält, kann niemand – weder er selbst noch jemand anderes – auch nur einen einzigen Knoten lösen. Zuallererst muss man ihn beruhigen. Das Gleiche gilt für den Geist: Zunächst besänftigen wir ihn und bringen ihm bei, aufmerksam zu sein. Den Affen zu beruhigen beinhaltet freilich mehr, als nur dafür zu sorgen, dass das – weiterhin angekettete – Tier zur Ruhe kommt.

Vielmehr nutzt man die Gelegenheit dazu, ihn wieder in die Freiheit zu entlassen. Denn ein zur Ruhe gekommener, achtsamer, klarer und lenkbarer Geist ist beherrscht genug, um ihn von den Fesseln zu befreien, mit denen er von den umherschweifenden Gedanken, den konfliktträchtigen Emotionen und der alledem zugrunde liegenden Verwirrung geknebelt wurde.

Unsere Gedankenmuster, aufrechterhalten durch Neigungen und Gewohnheiten, ferner durch Zerstreutheit und all die Begriffsbildungen, welche die Wirklichkeit verzerren, hindern uns ebenfalls daran, dieses Ziel zu erreichen. Darum ist es notwendig, diese Widrigkeiten aus dem Weg zu räumen. Den Geist zu meistern bedeutet nicht, ihm weitere Einschränkungen aufzuerlegen, durch die er nur noch engstirniger und angespannter werden würde. Er soll, ganz im Gegenteil, von der Beeinflussung durch die von unseren Gedanken und Emotionen genährten Konditionierungen und inneren Konflikte befreit werden.

Um die wahre Natur des Geistes erkennen beziehungsweise erfahren zu können, ist es also unerlässlich, die von unseren Denkmustern hinterlassenen Schleier abzustreifen, die Trübungen zu klären. Wie soll das gehen? Nehmen wir einmal an, ein Schlüssel sei uns in einen See gefallen. Wenn wir, um ihn zu finden, einen Stock nehmen und den Schlamm aufwühlen, wird das Wasser völlig trübe, und wir haben keine Chance mehr, den Schlüssel wiederzufinden. Zuerst sollten wir also zulassen, dass das Wasser sich klärt, bis es durchsichtig geworden ist. Danach wird man den Schlüssel leichter sehen und ihn herausholen können. Ebenso geben wir dem Geist anfangs Gelegenheit, klar, ruhig und achtsam zu werden. Anschließend können wir uns diese neuen Eigenschaften zunutze machen, um weitere Qualitäten wie selbstlose Liebe und Mitgefühl zu entwickeln und eine tief gehende Einsicht in die Natur des Geistes zu gewinnen.

Damit wir an dieses Ziel gelangen können, lehren alle buddhistischen Schulrichtungen zwei grundlegende und wechselseitig sich ergänzende Übungen: »Geistesruhe« (auf Sanskrit *Shamatha*) und »Einsichtsmeditation« (auf Sanskrit *Vipashyana*). Von der letztgenannten Übung wird später eingehender die Rede sein. *Shamatha* bezeichnet einen zur Ruhe gekommenen, klaren Geisteszustand, in dem die Aufmerksamkeit sich vollkommen unabgelenkt auf das jeweilige Objekt richtet. *Vipashyana* bezeichnet die alles durchdringende Einsicht in die Natur des Geistes und – zugleich – in die Natur der Phänomene. Zu ihr gelangt man, indem man das Bewusstsein genauestens analysiert, um anschließend wieder zur Kontemplationspraxis, zur inneren Erfahrung, zurückzukehren. Durch *Vipashyana* lassen sich die Illusionen aufdecken, sodass man nicht länger den aufwühlenden Emotionen anheimfällt. *Shamatha* bereitet also das Terrain vor, indem es den Geist zu einem leistungsfähigen, präzisen und gut zu handhabenden Werkzeug macht. *Vipashyana* befreit indessen den Geist vom Joch der verstörenden, Kummer, Leid und Verwirrung stiftenden Einflüsse und von den Schleiern der Unwissenheit.

Meist ist unser Geist unstet, launisch, unbeherrscht, hin- und hergerissen zwischen Hoffnung und Furcht, egozentrisch, zögerlich, zerstreut und verzettelt, verwirrt, mitunter abwesend und durch innere Widersprüche oder ein Gefühl der Unsicherheit geschwächt. Außerdem begehrt er auf gegen jeden Versuch, ihn zu bändigen oder ihn zu schulen, und ist ständig mit innerem Geplapper beschäftigt, das – uns selbst kaum bewusst – für ein permanentes Hintergrundgeräusch, ein »Grundrauschen« sorgt.

Diese Funktionsstörung rührt einzig und allein vom Geist selbst her. Logischerweise kann daher auch nur er selbst für Abhilfe sorgen. Diesem Ziel dient die Praxis von *Shamatha* und *Vipashyana*.

Allmählich, so lässt sich zusammenfassend sagen, gelangt man von dem eben beschriebenen, mancherlei widrigen Bedingungen unterworfenen Geisteszustand zu einem Zustand, in dem gefestigte Achtsamkeit, innerer Frieden, die Fähigkeit zum Umgang mit den Emotionen, Vertrauen, Mut, Aufgeschlossenheit für andere, Wohlwollen und weitere positive Eigenschaften vorherrschen, die für einen offenen, gelassenen und selbstlosen Geist kennzeichnend sind.

Anfangs verfolgt die *Shamatha*-Meditation also das Ziel, den Strudel der Gedanken zur Ruhe kommen zu lassen. Um unsere Fähigkeit zu innerer Sammlung zu erhöhen, stützen wir uns auf etwas, worauf wir ansonsten nur selten achten: auf das Kommen und Gehen des Atems.

Im Allgemeinen sind wir uns, sofern wir nicht gerade vor Anstrengung außer Atem geraten, ihn anhalten oder tief durchatmen, um frische Luft in die Lungen strömen zu lassen, der Atmung kaum jemals bewusst. Dabei ist atmen fast gleichbedeutend mit »am Leben sein«. Da wir unablässig atmen, verfügen wir, indem wir uns zum Zweck der inneren Sammlung auf das Ein- und Ausströmen des Atems stützen, über ein wertvolles, da jederzeit zugängliches Hilfsmittel – und obendrein über einen Bezugspunkt, anhand dessen wir feststellen können, ob wir gesammelt oder zerstreut sind.

Diese Übung beinhaltet drei unerlässliche Schritte: 1. *die Aufmerksamkeit* auf das gewählte Objekt *richten* (hier die Atmung); 2. die auf das Objekt gerichtete Aufmerksamkeit *aufrechterhalten;* 3. sich der Eigenschaften des Objektes *vollauf bewusst sein.*[17]

Meditation über das Kommen und Gehen des Atems

Wir setzen uns, falls möglich in der zuvor beschriebenen Sieben-Punkte-Haltung, zumindest aber mit gerade aufgerichtetem Körper in einer ausgewogenen Haltung bequem hin. Volle Bewusstheit bedeutet hier stetiges Gewahrsein des Atems: ihn weder vergessen noch die Aufmerksamkeit von ihm abschweifen lassen.

Wir atmen ruhig und natürlich. Die Aufmerksamkeit ist voll und ganz dem ein- und ausströmenden Atem zugewandt. Insbesondere nehmen wir die Empfindung wahr, die der Luftstrom in den Nasenlöchern hervorruft, und zwar dort, wo wir ihn am deutlichsten spüren: entweder am Eingang der Nasenlöcher, ein wenig weiter innen oder auch weiter oben in den Nebenhöhlen. Ferner achten wir auf den Moment zwischen dem Ausatmen und dem nächsten Einatmen, in dem die Atmung aussetzt. Beim Einatmen richten wir die Aufmerksamkeit dann wieder auf die Stelle, an der wir den vorbeiströmenden Luftstrom spüren, und achten außerdem genauso wieder auf den Augenblick zwischen dem Ein- und dem anschließenden Ausatmen, in dem die Atmung für einen Augenblick stoppt.

In gleicher Weise achten wir auf den folgenden Zyklus, und so weiter, Atemzug für Atemzug, ohne jede Anspannung. Allerdings sollte unsere Entspanntheit auch nicht so weit gehen, dass wir in einen dumpfen Zustand verfallen. Der Geist sollte, während wir die Atmung wahrnehmen, klar und gelassen sein. Der Buddha hat hier das Bild eines Regenschauers verwendet, der die vom Wind aufgewirbelten Staubwolken verschwinden lässt und den Blick auf einen strahlend klaren Himmel freigibt. Der Staub steht für die innere Unruhe und Verwirrung, der wohltuende Schauer für die ungeteilte Aufmerksamkeit, mit der wir den Atem beobachten, und die reine Luft steht für innere Ruhe und Klarheit.

Keinesfalls sollten wir absichtlich den Atemrhythmus verändern. Sicherlich wird die Atmung sich ein wenig verlangsamen, doch das sollte ganz von allein geschehen. Gleichgültig ob unsere Atemzüge lang oder kurz sind: Uns dessen einfach nur bewusst zu sein reicht aus.

Früher oder später werden wir sicherlich entweder abgelenkt sein, während zugleich mehr Gedanken auftauchen, oder in einen unbestimmten, halbschlafähnlichen Zustand abgleiten. Oder wir werden eine Kombination von beidem erleben, mit anderen Worten: einen konfusen, von unzusammenhängenden Gedanken unterbrochenen Zustand. Das ist der Zeitpunkt für ein wachsames Eingreifen: Sobald uns bewusst wird, dass die innere Sammlung dahin ist, sollten wir ohne jede Reue und ohne Schuldgefühle die Aufmerksamkeit einfach wieder der Atmung zuwenden. Wir kehren zum Atem zurück wie ein Schmetterling, der sich abermals auf einer Blume niederlässt, nachdem er zuvor, ohne ersichtlichen Grund mal nach rechts, mal nach links schweifend, um sie herumgeflattert ist.

Wenn Gedanken auftauchen, versuchen wir nicht, sie aufzuhalten – was übrigens gar nicht möglich ist, denn sie sind bereits da. Wir vermeiden es lediglich, ihnen einen Nährboden zu bereiten. Wir lassen sie einfach nur das weite Feld unseres Bewusstseins durchqueren – so wie ein Vogel über den Himmel fliegt, ohne eine Spur zu hinterlassen.

Manchmal, für einige Momente, können wir auch die Zerstreuung selbst zum Gegenstand der inneren Sammlung machen. Sobald der Geist dann wieder aufmerksam ist, richten wir unser Augenmerk erneut auf den Atem.

Falls körperliche Empfindungen auftauchen, Schmerz zum Beispiel, weil wir lange in derselben Position gesessen haben, sollten wir weder dagegen aufbegehren, noch uns davon überwältigen lassen, vielmehr versuchen, den Schmerz in die volle Bewusstheit mit einzubeziehen, und schließlich zur Atembeobachtung zurückkehren. Sollte der Schmerz so stark werden, dass er die Meditation stört, ist es besser, sich ein wenig zu entspannen oder »bewusstes Gehen« zu praktizieren und uns erst dann wieder mit offenem Geist und lebhafterer Aufmerksamkeit der Atemmeditation zuzuwenden.

1. Variante

Als Methode, sich zu sammeln, wenn die Aufmerksamkeit merklich nachlässt, eignet sich das Zählen der Atemzüge. Zum Beispiel kann man am Ende eines vollständigen Atemzyklus in Gedanken »eins« zählen, am Ende des nächsten Zyklus »zwei«, und so weiter bis zehn. Anschließend beginnt man wieder bei »eins«. Dieses Vorgehen hilft uns, die Achtsamkeit zu wahren. Falls man es vorzieht, kann man ebenso gut nach dem Einatmen »eins« zählen und nach dem Ausatmen »zwei«. Diese wie auch die folgenden Methoden kann man je nach Bedarf von Zeit zu Zeit anwenden. Allerdings ist es nicht notwendig, die Atemzüge während der gesamten Meditationssitzung zu zählen.

2. Variante

Man kann auch in der gesamten Einatmungsphase in Gedanken relativ schnell 1, 1, 1, 1, 1, 1 ... wiederholen, und beim Ausatmen 2, 2, 2, 2, 2, 2 ... Im nächsten Zyklus zählt man während des Einatmens 3, 3, 3, 3, 3, 3 ..., beim Ausatmen 4, 4, 4, 4, 4, 4 ... Das führt man fort bis zehn und beginnt dann wieder bei eins.

Oder man zählt während des Einatmens schnell bis zehn, entsprechend beim Ausatmen. Es gibt unterschiedliche Zählweisen. In den am Ende des Buches aufgeführten Texten werden sie in allen Einzelheiten beschrieben. Ausnahmslos alle dienen dazu, sich wieder zu sammeln, wenn man in Schläfrigkeit oder Zerstreutheit abgleitet.

3. Variante

Anstatt den Atem selbst zu beobachten, kann man das Augenmerk auch auf die mit dem Ein- und Ausströmen des Atems einhergehenden Bewegungen der Bauchdecke oder der Lungen richten.

4. Variante

Desgleichen kann ein einfacher Satz das Atmen begleiten. Beispielsweise kann man sich beim Ausatmen in Gedanken sagen: »Mögen alle Wesen glücklich sein«, und beim Einatmen: »Möge all ihr Leid vergehen.«

5. Variante

Wer Mantra-Rezitation praktiziert, kann in Verbindung mit dem schweigenden Rezitieren auf den Atem achten. Nehmen wir zum Beispiel »Om mani padme hung«[18]. Dieses Mantra richtet sich an den Buddha des Mitgefühls (Avalokiteshvara). Hier rezitiert man beim Einatmen »om«, beim Ausatmen »mani padme«, zwischen Ein- und Ausatmen »hung«.

6. Variante

Normalerweise sollte man das Kommen und Gehen des Atems nicht beeinflussen. Ebenso wenig sollte man das Intervall zwischen dem Ein- und dem Ausatmen verlängern. Bei dieser Variante richtet man die Aufmerksamkeit jedoch einige Augenblicke lang auf jene kurze Phase, in der am Ende des Ausatmens der Atem vergeht und der Atemfluss unterbrochen ist. An der Stelle ist auch die Abfolge der diskursiven Gedanken vorübergehend unterbrochen. Für diesen kurzen Augenblick verweilen wir im klaren Raum, gelassen und frei von geistigen Hervorbringungen. Ohne diese Erfahrung sogleich zu konzeptualisieren, sollten wir erkennen, dass sie einen grundlegenden Aspekt unseres – hinter dem Vorhang der Gedanken stets gegenwärtigen – Geistes widerspiegelt.

Je nach Bedarf können wir von einer dieser Varianten Gebrauch machen, um uns zu sammeln.

Den Geist auf ein Objekt ausrichten

Es gibt weitere Methoden, sich zu sammeln und Geistesruhe zu entwickeln. Dabei lassen sich zwei Arten unterscheiden: Im einen Fall nimmt man ein Objekt zu Hilfe, im anderen Fall meditiert man ohne Objekt. Als ein solches Objekt kann, wie wir gerade gesehen haben, das Kommen und Gehen des Atems dienen, ebenso andere physische Empfindungen, aber auch eine äußere Form oder ein visualisiertes Bild. Man kann ein ganz gewöhnliches äußeres Objekt wählen, etwa einen Stein, eine Blume oder eine Kerzenflamme. Wie bei der Atmung geht es darum, den Geist mit Achtsamkeit auf dem gewählten Objekt ruhen zu lassen und ihn, sobald man merkt, dass man sich hat ablenken lassen, wieder dorthin zurückzuführen.

Bei dem Objekt kann es sich auch um eine symbolische oder figürliche, mit dem spirituellen Weg in Verbindung stehende Abbildung handeln, beispielsweise um ein Bildnis des Buddha oder um eine Buddhastatue. Zunächst richtet man das Augenmerk lange genug auf diese Darstellung, um sich alle Einzelheiten einzuprägen, anschließend wendet man dem so entstandenen Vorstellungsbild die volle Aufmerksamkeit zu. Im Folgenden fasse ich mündliche Anweisungen zusammen, die Dilgo Khyentse Rinpoche zu diesem Thema gegeben hat:

Meditation

Nehmt die Sieben-Punkte-Haltung ein. Lasst dem Geist Zeit, einige Augenblicke lang zur Ruhe zu kommen. Dann visualisiert vor euch im Raum den Buddha Shakyamuni. Er sitzt auf einer Mondscheibe, die auf einem Lotos ruht und auf einem von acht Löwen getragenen Thron. Sein Körper ist strahlend wie ein Berg aus Gold. Nahe dem rechten Knie berührt seine rechte Hand den Boden, in jener Geste, mit der er die Erde als Zeugen aufruft. Die linke, in der Geste des Gleichmuts im Schoß ruhende Hand hält eine Bettelschale voller Nektar. Er trägt die drei monastischen Roben, und von seinem Körper gehen unzählige Weisheits- und Mitgefühlslichtstrahlen aus, die das Universum ausfüllen. Lasst dieses Bild lebendig sein. Der visualisierte Buddha ist nicht unbeweglich wie eine Zeichnung oder eine Statue. Genauso wenig besteht er aus Fleisch und Blut, sondern sein Körper ist leuchtend und durchsichtig wie ein Regenbogen und strahlend vor Weisheit und Mitgefühl.

Richtet eure ungeteilte Aufmerksamkeit auf die Visualisation, sodass jedes Detail so klar wie möglich zum Vorschein kommt. Achtet auf das Gesicht, auf die Vollkommenheit seiner ovalen Form, achtet auf die Augen, die von Weisheit und Liebe durchdrungen sind, auf die harmonischen Proportionen von Nase und Ohren, auf sein Lächeln und die von seinem Körper ausgehenden Lichtstrahlen. Weitet nach und nach euer Blickfeld, bis ihr die Gestalt des Buddha in allen Einzelheiten erfasst, von oben bis unten und von unten bis oben, genauso akkurat und gewissenhaft, wie ein Maler verfahren würde.

Damit die innere Sammlung gefestigt werden kann, wirkt sofort allem entgegen, was den Geist stören könnte. Wenn er unruhig wird, wenn kein klares Bild zustande kommt, weil die Gedanken die Oberhand zu gewinnen drohen, dann senkt den Blick, der ansonsten nach vorn in den Raum gerichtet ist, ein wenig und macht die untere Körperpartie des Buddha zum Gegenstand der Meditation: die gekreuzten Beine, den von den Löwen getragenen Thron oder den aus einem Lotos gebildeten Sitz. Das wird euch helfen, die innere Unruhe zu verringern.

Sollte euer Geist hingegen in Dumpfheit versinken, lasch oder gleichgültig werden, dann hebt den Blick und richtet eure Aufmerksamkeit auf den oberen Teil der Visualisation: auf das Gesicht des Buddha, auf seine Augen oder auf die Stelle zwischen den Augenbrauen.

Solange die Visualisation nicht deutlich und klar ist, versucht unermüdlich, sie in allen Feinheiten präzise hervortreten zu lassen. Wenn sie klar ist, lasst eure Aufmerksamkeit ganz natürlich und ungezwungen auf ihr ruhen, frei von aller Anspannung.

Den zur Ruhe gekommenen und stabilen Geist macht zum Gegenstand der Untersuchung. Dabei solltet ihr euch vergegenwärtigen, dass das Bild in eurer Visualisation nicht der Buddha selbst ist, sondern eine Projektion eures Geistes, die euch zu innerer Sammlung verhelfen soll. Zwar verfügt der Geist über die Fähigkeit, sich auf einen Gegenstand zu richten; wenn ihr aber versucht, den Geist als solchen wahrzunehmen, werdet ihr ihn nirgends finden. Den Geist zu lokalisieren, seine Form zu bestimmen, zu wissen, woher er kommt, wo er sich aufhält und wohin er geht, ist unmöglich: Niemals werdet ihr etwas finden. Beim Geist handelt es sich nicht um eine eigenständige Entität, die man als solche ausfindig machen könnte.

Ebenso verhält es sich mit dem Körper. Was wir »Körper« nennen, ist lediglich ein aus vielerlei Elementen sich zusammensetzendes Gebilde. Eine Ansammlung von Samenkörnern bezeichnen wir als »Haufen«; wenn trockene Getreidehalme, also Stroh, in großer Zahl zusammengebunden – oder gepresst – worden sind, sprechen wir von »Ballen«; und angesichts einer größeren Menschenansammlung sagen wir »Menge«; diese Bezeichnungen beziehen sich nicht auf eine an sich und durch sich selbst bestehende Entität. Wenn wir nun diese Ganzheit, die »Körper« genannt wird, betrachten und die Haut entfernen, das Fleisch, das Mark, die Knochen und die verschiedenen Organe, wird auch dann nichts übrig bleiben, was wir als Körper identifizieren könnten.

In Wirklichkeit entstehen alle Phänomene des Universums in ihrer unendlichen Vielfalt als Resultat eines zeitweiligen Zusammentreffens von spezifischen Ursachen und Bedingungen. Wir halten diese Phänomene für wirklich existent, weil wir sie nicht mit genügend Sorgfalt untersucht haben. Tatsächlich verfügen sie jedoch über keine ihnen innewohnende Existenz.

Sobald euch klar wird, dass euer Körper, der visualisierte Buddha wie auch alle anderen Phänomene eine Erscheinung des Geistes sind und dass der Geist seiner Natur nach keine Entität ist, ausgestattet mit einer eigenen Existenz, sondern ein dynamischer Strom von Erfahrungen, dann verweilt einfach im natürlichen Zustand des Geistes, frei von aller Künstlichkeit. Wenn erneut Gedanken auftauchen, so werdet dieser gewahr, ohne sie zu behindern oder zu fördern. Das bezeichnet man als die tiefe Einsicht. Dabei kommt es entscheidend darauf an, Geistesruhe *(Shamatha)* und tiefe Einsicht *(Vipashyana)* auf diese Weise zu vereinen.

Geistige Sammlung ohne Objekt

Auf den ersten Blick scheint die nichtformelle Meditation ohne Objekt einfacher zu sein als diejenige, die sich auf ein Objekt bezieht. Tatsächlich fällt es aber weitaus schwerer, dafür zu sorgen, dass der

Geist in Klarheit und unabgelenkt auf sich selbst ausgerichtet bleibt, als ihn auf ein Objekt auszurichten: weil es eben sehr schwierig ist, »an nichts zu denken«. Die Ausrichtung auf ein Objekt beinhaltet eine gewisse geistige Aktivität, die an Achtsamkeit gebunden ist. Mag es auch schwierig sein, die Aufmerksamkeit auf ein Objekt gerichtet zu halten, so fällt dies doch immer noch leichter, als den Geist in vollkommener Einfachheit, die frei ist von geistigen Hervorbringungen jedweder Art, ruhen zu lassen. Abgesehen davon ist die innere Sammlung ohne Objekt das natürliche Ergebnis der Ausrichtung auf ein Objekt, und sie beinhaltet einen weiteren Schritt hin zur Einsicht in die allem zugrunde liegende Natur des Geistes durch unmittelbare Erfahrung.

Meditation

Wir wenden den Geist nach innen und ermöglichen ihm so die Kontemplation über seine ursprüngliche Natur, die schlicht darin besteht, zu »erkennen«. Dieses Erkenntnisvermögen, volle Bewusstheit in Reinkultur, erhellt jeden Gedanken, jede Wahrnehmung und ist eine stets vorhandene, allem zugrunde liegende Eigenschaft des Bewusstseinsstroms. Selbst in Abwesenheit von Gedanken und Vorstellungsbildern können wir sie erfahren. Wir wollen nun versuchen, diesen ursprünglichen Aspekt jeglicher Erfahrung aufzufinden, um den Geist dann für einige Augenblicke in dieser vollen, nichtdualen, klaren und lichten Bewusstheit ruhen zu lassen, das frei ist von Begriffen, Vorstellungen, diskursiven Gedanken.

Zur Inspiration

»Durchscheinende Präsenz,
unendliche Offenheit,
ohne außen und innen;
alles umfassend,
ohne Grenze und Richtung.

Unendlich weite Sicht,
der wahre Zustand des Geistes,
wie der Himmelsraum,
der keine Mitte hat, keine Peripherie,
keinen Bezugspunkt.«

Shabkar

Hindernisse überwinden

Jede Übung beinhaltet Bemühung, und jede Veränderung stößt naturgemäß auf Hindernisse. Bei der Geistesschulung und in der Meditation können verschiedene Hindernisse bewirken, dass wir langsamer vorankommen. Traditionelle Meditationsanweisungen zählen zu diesen Hindernissen unter anderem Faulheit, Dumpfheit und ihr Gegenteil, einen aufgekratzten Zustand – ein Gemisch aus Unruhe und Zerstreutheit –, ferner mangelnde Ausdauer und Beharrlichkeit sowie deren Gegenteil, übertriebenes Bemühen.

Faulheit, in der Nähe von Gleichgültigkeit und mangelnder Motivation angesiedelt, kann unterschiedliche Formen annehmen. Gewöhnliche Faulheit ist die Schwäche derer, die jede Bemühung verabscheuen. Sich den Wert des menschlichen Daseins und jedes flüchtigen Augenblicks vor Augen zu halten und sich darüber hinaus auf die Vorzüge zu besinnen, die eine innere Wandlung mit sich bringt, dient als Gegenmittel hierfür. Aus diesen Überlegungen kann man frische Inspiration und neuen Enthusiasmus schöpfen.

Eine andere Form von Faulheit kommt in dem Gedanken zum Ausdruck: »Das ist nichts für mich, es übersteigt meine Fähigkeiten; deshalb fange ich erst gar nicht damit an.« Kurzum, noch vor dem Start gibt man sich geschlagen. Als Gegenmaßnahme sollte man in diesem Fall lernen, das uns innewohnende Transformationspotenzial richtig einzuschätzen, ferner den Sinn und Zweck unseres Daseins von einer umfassenderen Warte aus zu betrachten.

Bei der dritten Form von Faulheit fehlt es an der nötigen Entschlossenheit, um dasjenige, was man als besonders wichtig erkannt hat, auch als Erstes in die Tat umzusetzen. Stattdessen vergeudet man seine Zeit mit Nebensächlichkeiten. Bei den anstehenden Erledigungen Prioritäten zu setzen, kann hier Abhilfe schaffen. Außerdem sollten wir uns in Erinnerung rufen, dass unsere Tage gezählt sind, die gewöhnlichen Aktivitäten aber kein Ende nehmen – so wie sich auf der Oberfläche des Ozeans immer wieder aufs Neue Wellen bilden.

Ablenkung ist der übliche Störenfried der Meditation. Welcher Praktizierende kann von sich sagen, der Ablenkung nicht zum Opfer gefallen zu sein? Das ist aber völlig normal, denn wir praktizieren ja die Meditation mit einem undisziplinierten und chaotischen Geist. Vernünftigerweise sollten wir also nicht davon ausgehen, dass er auf der Stelle zur Ruhe kommt. Demnach gibt es keinen Grund, verzweifelt zu sein. Denn den Geist flexibel und leichtgängig zu machen, ihn zu unabgelenkter Sammlung oder auf Wunsch ebenso zu Entspannung zu befähigen, und vor allem, ihn von dem verheerenden Einfluss der verstörend wirkenden, für Unruhe und Verwirrung sorgenden Geistestrübungen zu befreien – dieses Ziel wollen wir ja mittels Meditation erst erreichen. Als Gegenmittel empfiehlt sich die Kultivierung von Achtsamkeit. Mit anderen Worten gilt es, den Geist unermüdlich – 'jedes Mal, wenn man ihn dabei ertappt, wie er umherschweift – zum Gegenstand der Meditation zurückzuführen. Rufen wir uns also den Grund in Erinnerung, der uns veranlasst zu meditieren. Wir tun es nicht, um unsere Zeit damit zu vergeuden, dass wir unsere Gedanken umherschweifen lassen, sondern wir wollen diese Zeit nach besten Kräften nutzen, um die Bedingungen für wahres Glück zu schaffen: für ein Glück, in das die anderen mit einbezogen sind.

Dumpfheit und *Unruhe* gehören ebenfalls zu den großen Hindernissen. Sie tragen maßgeblich dazu bei, dass wir in der Meditation den Faden verlieren. Dumpfheit verfinstert die Klarheit des Geistes, Unruhe beeinträchtigt hingegen seine Stabilität. Erstgenannte kann von einfacher geistiger Trägheit über Lethargie, Langeweile, Wachträumereien oder jeden anderen vagen und vernebelten Zustand bis hin zum Schlaf reichen.

Dieser Mangel an Klarheit stellt ein besonders schwerwiegendes Hindernis dar. Denn für jemanden, der die Natur des Geistes besser erkennen beziehungsweise erfahren möchte, ist innere Sammlung unverzichtbar. Bokar Rinpoche, ein zeitgenössischer Meditationsmeister, erklärt dies folgendermaßen: »Wenn wir am helllichten Tage das Meer betrachten, dringt unser Blick durch das klare Wasser bis zu den Steinen und Algen auf dem Meeresgrund. Durch entsprechende Klarheit, die eine vollständige Wahrnehmung des eigenen Geisteszustands ermöglicht, sollte sich auch die Meditation auszeichnen. Bei Nacht hingegen vermag der Blick die dunkle, lichtundurchlässige Oberfläche des Ozeans nicht zu durchdringen. Ebenso verhindert der träge und von Dunkelheit umfangene Geist, mag er auch einen stabilen Eindruck machen, die Meditation.«[19]

Um dem entgegenzuwirken, lautet der Ratschlag: Eine aufrechtere Haltung einnehmen, die Körperspannung leicht erhöhen, den nach vorn in den Raum gerichteten Blick ein wenig heben und sich, falls man zu warm angezogen ist, luftiger kleiden. Hier ist eine Belebung der Aufmerksamkeit geboten, und man sollte sich in erster Linie in der vollen Bewusstheit des Augenblicks üben.

Unruhe ist eine Form von Zerstreutheit. Überaktiv produziert der Geist eine von unseren Gewohnheiten und der Fantasie genährte Gedankenkette. Unablässig führt uns diese fiebrige Unruhe weit weg vom Gegenstand unserer Aufmerksamkeit. Wir sitzen völlig ruhig da, doch unser Geist ist unterwegs auf einer Reise um die Welt. In diesem Fall empfiehlt sich, die Körperhaltung ein wenig zu lockern, den Blick zu senken und uns klar und deutlich in Erinnerung zu rufen, warum wir hier sind und welchem Ziel unsere Bemühungen dienen.

Jede Art von Schulung verlangt uns regelmäßige Anstrengungen ab. *Mangelnde Ausdauer* verringert den Effekt der Meditation ganz beträchtlich, schwächt somit ihre transformativ wirkende Kraft. Wie bereits an anderer Stelle hervorgehoben, hat eine von Zeit zu Zeit unternommene große Anstrengung keine ebenso vorteilhafte Wirkung wie ein weniger spektakuläres, jedoch stetiges Bemühen. Denn im ersten Fall durchläuft der Geist keine tief greifende und dauerhafte Wandlung. Um dieser Schwäche abzuhelfen, besinnen wir uns wieder darauf, wie die Zeit verrinnt, wie ungewiss die Länge unserer Lebensspanne ist und welche positiven Auswirkungen die Übung hat, der wir uns widmen wollen.

Vorübergehend kann man durchaus auch in das entgegengesetzte Extrem verfallen, in *übertriebene Anstrengung* – und zwar dadurch, dass man der Nachlässigkeit unnötig lange entgegenwirkt. Die daraus resultierende Spannung lenkt uns schließlich von der Meditation ab. Deshalb bedarf es eines ausgewogenen Bemühens. Mit anderen Worten: Es gilt, die goldene Mitte zwischen Spannung und Entspanntheit zu finden, wie der Buddha es dem erwähnten Vina-Spieler empfahl. Ein Gegenmittel sollte man jedenfalls nicht länger anwenden als notwendig und den Geist dann einfach ruhig in seinem natürlichen Zustand verweilen lassen.

Übertriebene Anstrengung kann auch von Ungeduld oder Aufregung herrühren – beides Zustände, die uns kein bisschen weiterbringen. Wer sofort losrennt, um einen hohen Berg zu besteigen, wird im

Handumdrehen anhalten müssen, weil die Lunge sich anfühlt, als brenne in ihr ein Feuer. Überspannt man einen Bogen, wird er brechen, und wenn man Speisen auf zu starker Flamme kocht, werden sie anbrennen, anstatt zu garen.

Wer auf der Stelle ein Resultat verlangt, ist entweder sehr eigensinnig oder faul. Scherzend hat der Dalai Lama dazu einst angemerkt: »Im Abendland haben die Leute es manchmal allzu eilig. Erleuchtung würden sie gern schnell, leicht und nach Möglichkeit … zum Nulltarif bekommen!« Ebenso wie man Geduld braucht, um einen Ernteertrag zu erhalten – an den Pflanzen zu ziehen, damit sie schneller wachsen, wäre jedenfalls sinnlos! –, benötigen wir für die Meditationspraxis Geduld.

In den überlieferten Meditationsschriften werden neun Methoden aufgeführt, durch die wir die Achtsamkeit schulen, dem Geist zu einer unparteiischen Haltung[20] und zu Stabilität verhelfen können. Erinnern wir uns: Volle Bewusstheit beinhaltet in diesem Fall, die auf das gewählte Objekt gerichtete Achtsamkeit ununterbrochen aufrechtzuerhalten.

1. Den Geist den Anweisungen gemäß auf ein Objekt richten, selbst wenn dies anfangs nur *kurz* gelingt, und vermeiden, dass er, Vorstellungen oder diskursiven Gedanken nachgehend, abschweift.

2. Den Geist *beständig* und immer länger unabgelenkt auf das Objekt richten. Um die entsprechende Fähigkeit zu erlangen, sollte man sich die Unterweisungen, denen zu entnehmen ist, wie man die ungeteilte Aufmerksamkeit auf dem Meditationsgegenstand ruhen lässt, in aller Klarheit vergegenwärtigen, sie im Sinn behalten und sorgsam in die Praxis umsetzen.
3. Den Geist *wiederholt* auf dem Objekt ruhen lassen, indem man ihn immer wieder zu diesem zurückführt, sobald man gewahr wird, dass er von dem Meditationsgegenstand abgeschweift ist. Zunächst einmal, das ist die Voraussetzung, muss man also erkennen, dass der Geist sich hat ablenken lassen, dann den Gedanken oder die Emotion, durch welche die Ablenkung verursacht wurde, ausfindig machen und schließlich das geeignete Gegenmittel anwenden. Einhergehend mit einer klareren Ausrichtung auf den Meditationsgegenstand vermag man mit der Zeit die Geistesruhe und einen stabilen Geisteszustand immer länger aufrechtzuerhalten.
4. Den Geist *sorgfältig* auf das Objekt richten. Je stabiler der Geist ist und je präziser man die ungeteilte Aufmerksamkeit auf ein Objekt zu richten vermag, desto mehr ist man geneigt zu meditieren. Selbst wenn man noch nicht über volle Achtsamkeit verfügt, hat man einen Punkt erreicht, an dem der Geist nicht mehr gänzlich ab-

schweift vom Meditationsobjekt und somit von den störendsten Formen innerer Unruhe befreit ist.

5. Den Geist *meistern*: Um die Geistesgegenwart zu schärfen, zu größerer Klarheit, frischer Inspiration und neuem Enthusiasmus zu gelangen, wenn die innere Sammlung in Dumpfheit abgleitet, denkt man über die Vorzüge der vollkommenen inneren Sammlung (*Samadhi*) nach.

6. Den Geist *zur Ruhe kommen lassen*: Wenn die Geistesschärfe zu beengend anmutet, wenn subtile Unruhe in Form einer im Hintergrund ablaufenden diskreten kleinen Unterhaltung unsere Achtsamkeit beeinträchtigt, dann beruhigt es den Geist, wenn wir die Nachteile von Unruhe und Ablenkung erwägen. Auf diese Weise wird er hell und klar wie der reine Klang eines gut gestimmten Instruments.

7. Den Geist *vollständig zur Ruhe kommen lassen*, indem man mittels stetiger, freudiger Achtsamkeit einen Punkt erreicht, an dem man aufhört, in irgendeiner Weise an meditativen Erfahrungen zu haften. Diese Erfahrungen können sich in unterschiedlichen Erscheinungsformen zeigen, etwa in derjenigen von Glückseligkeit, von Klarheit oder von Abwesenheit diskursiver Gedanken. Ferner können sie sich durch spontan auftretende Stimmungen ausdrücken, zum Beispiel durch Leichtigkeit oder Trauer, unerschütterliches Vertrauen

oder Angst, Hochgefühl oder Entmutigung, Gewissheit oder Zweifel, Weltentsagung oder leidenschaftliches Verlangen, starke Hingabe oder Ablehnung. All diese Erfahrungen können ohne ersichtlichen Grund auftreten. Sie zeigen, dass der Geist tief greifende Veränderungen durchläuft. Vor einer Identifikation mit solchen Erfahrungen sollte man sich hüten, ihnen vielmehr keine größere Bedeutung beimessen als den am Zugfenster vorüberziehenden Landschaften. Dank der in vollkommener innerer Ruhe wirkenden Achtsamkeit werden solche Erfahrungen sich von selbst auflösen, ohne den Geist aufzuwühlen. So wird er schließlich tiefsten inneren Frieden finden.

8. *Einsgerichtete Achtsamkeit wahren.* Nachdem der Dumpfheit und der inneren Unruhe die Grundlage entzogen worden ist, hält man die einsgerichtete Achtsamkeit – gefestigt und klar – für die Dauer der gesamten Meditationssitzung aufrecht. Dadurch gleicht der Geist einer windgeschützten Öllampe, deren ruhige, hell leuchtende Flamme bestmögliche Lichtausbeute liefert. Nun bedarf es nur noch einer minimalen Anstrengung, schon tritt der Geist in den Strom ungeteilten Gewahrseins ein, wo er mühelos verweilt: in seinem natürlichen Zustand, frei von allen Einschränkungen und Beeinträchtigungen.

9. *In einem Zustand vollkommenen Gleichgewichts ruhen.* Wenn der Geist ganz und gar damit ver-

traut ist, in eingerichteter Achtsamkeit zu ruhen, weilt er in einem gleichmütigen Zustand: von selbst entstehend und sich mühelos fortsetzend.

Die zunehmende Entwicklung von Geistesruhe

Nach und nach stellt sich Geistesruhe ein. Anfangs scheint indes genau das Gegenteil zu geschehen. Sobald man versucht, den Geist zur Ruhe kommen zu lassen, hat man den Eindruck, die Gedanken vermehrten sich, statt weniger zu werden. Tatsächlich hat jedoch nicht die Anzahl der Gedanken zugenommen, vielmehr nimmt man plötzlich ihre Aktivität wahr. Wie bereits erwähnt, kann man weder verhindern, dass Gedanken entstehen, noch wäre das erstrebenswert. Nichtsdestoweniger ist es wichtig, auf den Gedankenprozess Einfluss zu nehmen und ihn zu meistern, wenn man die Ursachen des Leids beseitigen und die Voraussetzungen für die Entfaltung wahren Glücks schaffen möchte. Die gewohnten Gedankenmuster verstärken nur unsere Abhängigkeit von den Ursachen des Leids. Regelmäßige Meditation – weit davon entfernt, eine Art Stumpfsinn hervorzurufen oder unsere Spontaneität aufzuheben – verschafft uns hingegen die mit der Meisterung des Geistes und innerem Frieden einhergehende Freiheit.

In den buddhistischen Schriften wird die Beruhigung des sprudelnden und strudelnden Gedankenstroms bildlich als tosender Wasserfall beschrieben. Auf dem Weg hinab in die Ebene kommt das anfangs wild bewegte Wasser immer mehr zur Ruhe, bis es schließlich in den endlos weiten Ozean fließt. Dieser Fortschritt in der Meditation beinhaltet fünf Phasen, die in fünf Bildern dargestellt werden:

- »der über einen Felsen hinabstürzende Wasserfall«: Die Gedanken reihen sich unablässig aneinander und scheinen zahlreicher zu sein als zuvor, da man nun der Bewegungen, die sich im Geist vollziehen, gewahr wird;
- »der aus den Schluchten sich ergießende Wildbach«: Der Geist erfährt abwechselnd Phasen der Ruhe und der Aktivität;
- »der ungehindert dahinfließende breite Fluss«: Der Geist wird unruhig, wenn Geschehnisse ihn aus der Ruhe bringen, bleibt jedoch ansonsten still;
- »der See, auf dem sich einige Wellen kräuseln«: Der Geist ist an der Oberfläche leicht bewegt, bleibt in der Tiefe jedoch ruhig und präsent;
- »der friedliche Ozean«: Die unerschütterliche, mühelos sich einstellende innere Sammlung ist auf Gegenmittel gegen umherschweifende Gedanken nicht mehr angewiesen.

Eine solche Entwicklung vollzieht sich nicht innerhalb eines Tages, nicht einmal im Verlauf einiger

Wochen. Nichtsdestoweniger wird man früher oder später einen echten Fortschritt feststellen können. Bereitwillig akzeptieren wir, dass man Zeit und Ausdauer benötigt, um es beispielsweise bei einer künstlerischen Betätigung, bei der Ausübung einer Sportart, beim Erlernen einer Sprache beziehungsweise bei deren Gebrauch zu einer gewissen Meisterschaft zu bringen. Aufgrund welcher Wunderkräfte sollte es daher bei der Geistesschulung anders sein?

Dieses Abenteuer lohnt jedenfalls die Mühe: Schließlich geht es hier ja nicht darum, sich eine gewöhnliche Fähigkeit anzueignen, sondern um eine Meisterung des eigenen Seins; um eine veränderte Art und Weise zu *sein*, die weitreichende Auswirkungen auf unsere gesamte Lebensqualität haben wird.

Zur Inspiration

»Am Anfang kommt nichts,
in der Mitte bleibt nichts,
am Ende geht nichts.«

Milarepa

Meditationen über selbstlose Liebe

Jeder von uns hat mit unterschiedlicher Intensität die Erfahrung tiefer, aufrichtiger Liebe, großer Güte und starken Mitgefühls für Menschen, denen Leid widerfährt, gemacht. Manch eine/r ist stärker altruistisch veranlagt als andere und verhält sich mitunter vielleicht sogar wirklich heldenhaft. Andere dagegen sind mehr mit sich selbst beschäftigt und haben Schwierigkeiten, im Wohl der anderen ein zentrales Ziel zu erkennen oder ihm gar Vorrang zu geben vor dem eigenen Wohl. Dessen ungeachtet ist es wichtig, selbstlose Liebe zu entwickeln. So bewirken wir nicht nur das Wohl der anderen, sondern auch das eigene Wohl. Denn die daraus sich ergebende Art und Weise, zu *sein* beziehungsweise unser Leben zu führen, verschafft uns ein Höchstmaß an Zufriedenheit. Hingegen führt es in Wahrheit nur ins Elend, wenn man sich selbst zu wichtig nimmt.

Wenn in unserem Geist altruistische Gedanken auftauchen, werden diese meist recht schnell von anderen weniger edlen Gedanken abgelöst, zum Beispiel von solchen, die unter dem Einfluss von Wut oder Eifersucht entstehen. Haben wir jedoch den Wunsch, dass Selbstlosigkeit überwiegen soll in unserem Leben, müssen wir ein wenig Zeit dafür aufwenden. Denn auch hier ist es nicht damit getan, einfach nur den Wunsch zu hegen.

Wie wir gesehen haben, bedeutet »meditieren«, sich damit vertraut zu machen, auf eine neue Art und Weise zu *sein*. Aber wie kann man nun selbstlose Liebe entwickeln? Als Erstes bedarf es dazu der Einsicht, dass man sich zutiefst davor fürchtet, zu leiden, und nur den Wunsch hat, glücklich zu sein. Hat man erkannt, welche Rolle das Streben nach Glück spielt, sollte man sich vor Augen führen, dass dieses Glücksstreben ein alle Lebewesen verbindender gemeinsamer Grundzug ist. Das so häufig mit Füßen getretene Recht, nicht zu leiden, ist zweifellos das elementarste Recht aller Lebewesen. Als Nächstes sollte man erkennen, dass es ein Gegenmittel gegen dieses Leid gibt. Körperlichen Schmerz, mit dem wir im Leben unweigerlich konfrontiert werden, können wir jedenfalls auf eine positivere Weise so erfahren, dass er zumindest weniger psychisches Leid hervorruft. Letzteres vermögen wir nach und nach durchaus zu überwinden.

Leider sind wir in der Wahl der Mittel, mit denen wir erreichen wollen, glücklich zu sein und nicht zu leiden, häufig ungeschickt, wenn nicht sogar komplett auf dem Holzweg. Manch einer gerät völlig vom Weg ab und sucht auf Kosten anderer blindlings nach dem eigenen Glück. Einem blutrünstigen Diktator im Namen eines missverstandenen Altruismus bei seinen mörderischen Unternehmungen Erfolg zu wünschen wäre absurd. Hingegen können wir sehr wohl den Wunsch hegen, dass es ihm gelingen möge, sich frei zu machen von seinem Hass, der ihn dazu bringt, anderen Schaden zuzufügen und dadurch zugleich sein eigenes Unglück herbeizuführen. Dies ist richtig verstandener Altruismus, denn der letztgenannte Wunsch bezweckt wirklich das Wohl aller Wesen. Überhaupt wünschen wir ohne jeden Vorbehalt, dass es ausnahmslos allen Wesen gelingen möge, sich von Leid und seinen Ursachen zu befreien. Diesbezüglich empfehlen die buddhistischen Texte, vier besondere Gedanken beziehungsweise Einstellungen – selbstlose Liebe, Mitgefühl, Freude über das Glück der anderen und Unparteilichkeit – in der Weise zu kultivieren, dass sie unermesslich große Kraft gewinnen.

Meditation

Selbstlose Liebe

Wir stellen uns ein kleines Kind vor, das auf uns zukommt und uns voller Vertrauen und in aller Unschuld freudig anschaut. Wir betrachten es liebevoll, streichen ihm über den Kopf und umarmen es, erfüllt von der Empfindung bedingungsloser Liebe und Güte. Von dieser liebevollen Empfindung, die nichts anderes wünscht als das Beste für dieses Kind, lassen wir uns ganz und gar durchdringen. Wir verweilen einige Augenblicke im vollen Bewusstsein dieser Liebe, ohne uns auf andere Gedanken einzulassen.

Wir können auch an jeden anderen Menschen denken, für den wir große Zärtlichkeit und Dankbarkeit empfinden, an unsere Mutter beispielsweise.

Wir wünschen von ganzem Herzen, dass sie Glück und die das Glück bewirkenden Ursachen finden möge. Dann dehnen wir diese Vorstellung auf alle uns nahestehenden Menschen aus, danach auf diejenigen, die wir weniger gut kennen, und schließlich immer weiter auf alle Wesen. Zum Schluss wünschen wir das Gleiche unseren persönlichen Feinden und den Feinden der Menschheit. Letzteres beinhaltet selbstverständlich nicht, ihnen Erfolg bei ihren unheilvollen Unternehmungen zu wünschen. Vielmehr entwickeln wir den starken Wunsch, dass sie ihren Hass, ihre Gier, ihre Grausamkeit oder Gleichgültigkeit aufgeben mögen, damit stattdessen bei ihnen eine wohlwollende, das Glück ihrer Mitmenschen anstrebende Geisteshaltung entstehen und gedeihen kann. Je schwerer eine Krankheit ist, desto mehr Pflege, Aufmerksamkeit und Freundlichkeit braucht der Kranke. Auf diese Weise beziehen wir die Gesamtheit aller Lebewesen in unser Gefühl grenzenloser Liebe mit ein.

Mitgefühl

Nun stellen wir uns vor, dass ein uns nahestehender Mensch nachts auf der Straße Opfer eines schrecklichen Unfalls wird. Blutüberströmt und mit unerträglichen Schmerzen liegt sie oder er stöhnend am Straßenrand. Die Sanitäter verspäten sich, und wir wissen nicht, was wir tun sollen. Das Leid dieses Menschen, der uns lieb und teuer ist, verspüren wir so intensiv, als wäre es unser eigenes. Hinzu kommt ein immer stärker werdendes Gefühl von Angst und Ohnmacht. Der Schmerz trifft uns ins Mark und wird fast unerträglich. Was sollen wir tun?

In diesem Moment können wir uns einem Gefühl unermesslicher Liebe zu der betroffenen Person öffnen. Wir nehmen sie sanft in den Arm. Wir stellen uns vor, dass diese unermessliche Liebe von uns ausgeht und auf sie überströmt. Jedes Atom des Leids wird nun durch ein Atom der Liebe ersetzt. Von ganzem Herzen wünschen wir uns, dass dieser Mensch überlebt, gesund wird und nicht mehr leiden muss.

Dieses Mitgefühl entspringt derselben Quelle wie die selbstlose Liebe. Mitgefühl ist nichts anderes als der Ausdruck von Liebe angesichts des Leids.

Unser Mitgefühl weiten wir anschließend auch auf andere Personen aus, die uns lieb und teuer sind. Nach und nach beziehen wir sämtliche Wesen mit ein, indem wir uns von ganzem Herzen wünschen: »Mögen alle Wesen sich vom Leid und den Ursachen ihres Leids befreien.«

Freude über das Glück der anderen

Manche Menschen verfügen über außerordentlich positive Eigenschaften, manche bringen der Menschheit großen Nutzen und widmen sich Hilfsprojekten, die von Erfolg gekrönt sind. Manche haben ihre Ziele unter großen Anstrengungen und mit nicht nachlassender Beharrlichkeit verwirklicht. Wieder andere Menschen besitzen die unterschiedlichsten Talente.

Freuen wir uns von ganzem Herzen über ihren Erfolg, und wünschen wir uns, dass ihre Qualitäten um keinen Deut geringer werden, vielmehr bestehen bleiben und noch zunehmen mögen. Diese Fähigkeit, sich an den positiven Seiten der anderen zu erfreuen, ist das beste Mittel, um sich nicht entmutigen zu lassen, um nicht in Gefahr zu geraten, die Welt und die Mitmenschen aus einem Blickwinkel zu betrachten, aus dem alles düster und hoffnungslos erscheint. Zugleich vermag sie Neid und Eifersucht zu kurieren – Eigenschaften, die davon zeugen, dass man eben nicht in der Lage ist, sich am Glück der anderen zu erfreuen.

Unparteilichkeit

Unparteilichkeit ist ein unerlässlicher Bestandteil der eben beschriebenen drei Meditationen. Denn der Wunsch, dass alle Wesen frei von Leid und seinen Ursachen sein mögen, sollte universell sein, und er darf weder von unseren persönlichen Vorlieben abhängen noch von der Art und Weise, wie andere uns behandeln. Wir können uns die Perspektive eines Arztes zu eigen machen, der sich freut, wenn die Menschen gesund sind, und sich ohne Ansehen der Person der Behandlung der Kranken widmet.

Wir vergegenwärtigen uns, dass alle Wesen ohne Ausnahme, ob es sich nun um Menschen, die uns nahestehen, um Fremde oder gar Feinde handelt, Leid vermeiden möchten. Denken wir ferner an die wechselseitige Abhängigkeit sämtlicher Phänomene im Universum sowie der Wesen, die es bevölkern. Diese wechselseitige Abhängigkeit ist die eigentliche Grundlage für Altruismus. Die Sonne scheint unterschiedslos auf alle Wesen, seien sie nun gut oder böse. Auf eine schöne Landschaft scheint sie in gleicher Weise wie auf einen Müllhaufen. Ebenso sollten auch wir unser Möglichstes tun, die selbstlose Liebe, das Mitgefühl und die Sympathie, die wir in den drei vorhergehenden Meditationen entwickelt haben, auf alle Wesen ohne Ausnahme auszuweiten.

Erinnern wir uns noch einmal daran, dass es bei unseren persönlichen Feinden und den Feinden der gesamten Menschheit nicht darum geht, ihre Haltung und ihre schädlichen Handlungen zu fördern oder untätig hinzunehmen. Eher sollten wir sie als Schwerkranke oder als Toren betrachten. Und mit demselben Wohlwollen, das wir für die uns nahestehenden Menschen empfinden, hoffen wir, dass ihr Geist sich von der Unwissenheit und den negativen Gefühlen, in deren Bann sie stehen, restlos befreien möge.

Wie man diese vier Meditationen miteinander verbindet

Meditieren wir zunächst über selbstlose Liebe, den kraftvollen Wunsch, dass die Wesen glücklich werden und diejenigen Ursachen finden mögen, die ihr Glück herbeiführen. Wenn sich diese Liebe, nachdem wir eine Weile meditiert haben, eher in ein ichbezogenes Anhaften verwandelt, wenden wir uns der Meditation über Unparteilichkeit zu, damit sich unsere Liebe und unser Mitgefühl in gleicher Weise auf alle Menschen erstrecken – auf unsere Familie und unsere Freunde ebenso wie auf Unbekannte oder Feinde.

Falls sich unsere Unparteilichkeit dann irgendwann in Gleichgültigkeit verwandelt, ist der Augenblick gekommen, an alle Leidenden zu denken und intensives Mitgefühl für sie zu entwickeln. Zugleich geloben wir, die empfindenden Wesen von all ihrem Leid zu befreien.

Indem wir uns immer wieder in die Betrachtung dieses Leids vertiefen, kann es mitunter geschehen, dass uns ein Gefühl der Ohnmacht und Niedergeschlagenheit, wenn nicht gar der Verzweiflung überkommt, wir uns von der Größe der Aufgabe überfordert fühlen und deshalb den Mut verlieren. Im gleichen Moment beginnen wir über die Freude am Glück unserer Mitmenschen zu meditieren. Wir denken an diejenigen, die über immense menschliche Qualitäten verfügen, deren altruistische Wünsche Früchte tragen, denken an diejenigen, denen im Leben tiefste Zufriedenheit zuteil wird, und freuen uns von ganzem Herzen darüber.

Falls diese Freude sich in blinde Euphorie verwandelt und wir infolgedessen zerstreut sind, meditieren wir wieder über selbstlose Liebe; und so weiter. Auf diese Weise entwickeln wir nacheinander immer einen der vier Gedanken und laufen so gar nicht erst Gefahr, möglichen Irrtümern zu erliegen.

Wir beschließen unsere Meditation mit einigen Momenten der Kontemplation über die wechselseitige Abhängigkeit aller Dinge. Wir vergegenwärtigen uns, dass wir Weisheit und Mitgefühl *gleichzeitig* entwickeln sollten – ganz so wie ein Vogel zwei Flügel zum Fliegen braucht. Weisheit meint hier ein besseres Verständnis der Wirklichkeit und Mitgefühl den Wunsch, dass die Wesen von den Ursachen des Leids frei sein mögen.

Zur Inspiration

»Selbstlose Liebe ist das spontane Empfinden, mit allen anderen Lebewesen verbunden zu sein. Was ihr fühlt, fühle auch ich. Was ich fühle, fühlt ihr. Zwischen uns besteht kein Unterschied. [...] Als ich begann, die Meditation über Mitgefühl zu praktizieren, stellte ich fest, dass mein Gefühl, isoliert zu sein, abnahm. Zugleich verspürte ich mehr und mehr Kraft. Wo ich zuvor nur Probleme gesehen hatte, sah ich nun nichts weiter als Lösungen. Früher hielt ich *mein* Glück für wichtiger als das der anderen. Nun hingegen begann ich zu erkennen, dass das Wohlergehen der anderen die Grundlage meines inneren Friedens ist.«[21]

Yongey Mingyur Rinpoche

»Unablässig mache ich diese Erfahrung: Zwischen dem Verhalten der Menschen und der Liebe, die man für sie empfindet, besteht kein ursächlicher Zusammenhang. Nächstenliebe gleicht einem elementaren Gebet, das euch hilft zu leben.«[22]

Etty Hillesum

»Möge ich den Schutzlosen ein Beschützer sein,
denen, die sich auf den Weg begeben haben, als Wegweiser dienen
und als Fähre, Schiff oder Brücke denjenigen, die ans andere Ufer gelangen wollen!
Möge ich eine Insel sein für diejenigen, die eine Insel suchen,
eine Leuchte jenen, die Licht brauchen,
eine Bleibe denen, die Unterkunft suchen,
und Diener für alle, die einen Diener wollen!
Möge ich allen der wunscherfüllende Juwel sein,
der wunderbare Wasserkrug,
Zauberformel und Allheilmittel,
der Baum, der jeden Wunsch erfüllt,
Und die Kuh mit dem unerschöpflichen Euter!
Wie die Erde und die anderen Elemente
möge ich genau wie der Raum
als Quelle, welche die vielfältigen Bedürfnisse der Wesen
in ihrer unermesslich großen Zahl stillt, immer da sein können!
Möge ich so die Bedürfnisse der Wesen zufriedenstellen,
jederzeit und an jedem Ort, so weit sich der Raum erstreckt,
bis ausnahmslos jedes von ihnen das Leid überwunden hat!«[23]

Shantideva

»Solange der Raum Bestand hat
und solange es empfindende Wesen gibt,
möge auch ich ausharren,
um das Leid aus der Welt zu vertreiben.«[24]

Shantideva

Ein edler Austausch

Eine Erfahrung großen Leids kann uns mitunter wachrütteln, Geist und Herz für unsere Mitmenschen öffnen. Eine spezielle Praxis trägt dazu bei, dass dieser Prozess des Sich-Öffnens zum Dauerzustand wird: Mithilfe der Atmung tauschen wir im Geist das Leid der anderen gegen unser Glück aus und wünschen uns, das von uns zu ertragende Leid möge dasjenige der anderen aufheben.

Vielleicht sind wir der Ansicht, ohnehin schon genug Probleme zu haben. Uns zusätzlich zu belasten, indem wir das Leid der anderen Lebewesen auch noch auf uns nehmen, sei einfach zu viel verlangt. Tatsächlich ist das Gegenteil der Fall. Wenn wir aus Mitgefühl das Leid der anderen auf uns nehmen, es transformieren und auflösen, nimmt dadurch, wie die Erfahrung gezeigt hat, das eigene Leid keineswegs zu, vielmehr verschwindet es. Denn selbstlose Liebe und Mitgefühl sind die wirkungsvollsten Gegenmittel gegen eigene Kümmernisse. Daher kommt diese Praxis allen zugute! Wenn wir hingegen immer bloß um das eigene Elend kreisen, verschlimmern wir dieses, da unablässig nur das Wörtchen »ich, ich, ich« in uns ertönt: So rauben wir uns selbst den Mut, und der Schmerz wird umso größer. Im Unterschied dazu vervielfacht die altruistische Kontemplation über das Leid der Mitmenschen unseren Mut, denn sie bewirkt, dass der Ego-Panzer aufbricht.

Diese Praxis des Austauschs mit anderen ist ein besonders wirkungsvolles Mittel, durch Meditation selbstlose Liebe und Mitgefühl zu entwickeln. Wenn wir dann mit dem Leid der anderen konfrontiert werden, sind wir von selbst geneigt, uns mitfühlend zu verhalten und ihnen zu Hilfe zu kommen.

Meditation

Ausgangspunkt ist die starke Empfindung selbstloser Liebe für jemanden, der uns großes Wohlwollen gezeigt hat, unsere Mutter zum Beispiel. Wir besinnen uns auf ihre Güte: Nach den Schwierigkeiten einer Schwangerschaft und den Schmerzen der Geburt hat sie uns das Leben geschenkt, sich dann, solange wir klein waren, um uns gekümmert, ohne auf die eigenen Kräfte Rücksicht zu nehmen, und sie war stets bereit, alles für uns zu opfern, weil unser Glück ihr mehr bedeutete als das eigene.

Damit starkes Mitgefühl ins uns entstehen kann, stellen wir uns nun vor, dass unsere Mutter unerträglich leidvolle Erfahrungen macht, indem sie alles verliert, was sie besaß, an Hunger und Durst stirbt oder von niederträchtigen Menschen misshandelt wird. Wir stellen sie uns noch in weiteren qualvollen Situationen vor. In entsprechender Weise können wir uns in der Meditation aber auch auf andere Menschen beziehen: auf ein Kind, einen treuen Freund oder ein Tier, das uns viel bedeutet.

Während der Schmerz, mit dem uns die Anteilnahme am Leid dieses Menschen (oder Tiers) erfüllt, schier unerträglich wird, lassen wir starkes Mitgefühl in uns aufkommen. Wenn dieses den Geist vollständig erfasst hat, weiten wir es auf alle Lebewesen aus und stellen uns vor, dass sie ebenso viel liebevolles Mitgefühl erfahren dürfen.

Wir können uns auch ein von Jägern und ihrer Hundemeute verfolgtes Reh vorstellen, das in die Enge getrieben wird, in Panik von einem Felsen herabspringt und sich dabei die Knochen bricht. Die Jäger finden das im Sterben liegende Tier und versetzen ihm mit dem Jagdmesser den Todesstoß.

Alle Arten von Leid nehmen detailgetreu vor unserem geistigen Auge Gestalt an. Wir denken an gebrechliche alte Menschen oder an Kranke, die den grauenvollen Qualen ihrer Krankheit ausgeliefert sind, an Mittellose, die kaum genug haben, um zu überleben. Wir denken an die, denen alles genommen wurde, und auch an jene, die Opfer ihres eigenen Geistes geworden sind und bis an die Grenzen des Wahnsinns unter – auf ihre Begierden oder ihren Hass zurückgehenden – Angstzuständen leiden.

Vergessen wir nicht, in diese Empfindung von Liebe und Mitgefühl alle diejenigen einzubeziehen, die wir als Feinde, als Unruhestifter oder als Querulanten betrachten. Vor uns im Raum visualisieren wir alle empfindenden Wesen, eine unermesslich große Versammlung, und rufen uns in Erinnerung, dass sie genau wie wir im endlosen Daseinskreislauf auf vielerlei Art und Weise gelitten haben.

Wenn wir daraufhin von der Empfindung ganz starken Mitgefühls durchdrungen sind, beginnen wir den eigentlichen Austausch mit anderen zu praktizieren. Beim Ausatmen stellen wir uns vor, dass wir denjenigen, die leiden, über den Atem in Form eines weißen, erquickenden und leuchtenden Nektars all unser Glück, unsere Lebenskraft, unser Wohlergehen, unsere Gesundheit und Ähnliches mehr senden. Zugleich wünschen wir, all dies Positive möge ihnen völlig ungehindert zuteil werden, und denken, dass der Nektar all ihre Bedürfnisse erfüllt. Sollte ihr Leben in Gefahr sein, stellen wir uns vor, dass es verlängert wird. Sind sie arm und bedürftig, erhalten sie alles, was sie benötigen. Sind sie krank, werden sie geheilt; und sind sie unglücklich, finden sie ihr Glück.

Beim Einatmen stellen wir uns vor, wir würden alle Krankheiten, alle geistigen und körperlichen Gebrechen wie auch die aufwühlenden Emotionen der empfindenden Wesen in Form einer schwärzlichen Masse in uns aufnehmen und die Wesen durch diesen Austausch von allem, was sie plagt, befreien. Weiterhin stellen wir uns vor, dass ihr Leid wie Nebel, den der Wind mit sich trägt, auf uns zukommt. Wenn wir daraufhin all ihr Leid in uns aufgenommen, es transformiert und es ihnen auf diese Weise abgenommen haben, empfinden wir große Freude und machen zugleich die Erfahrung des Nichtanhaftens.

Wir wiederholen diese Praxis, bis sie uns in Fleisch und Blut übergegangen ist. Niemals käme uns dabei in den Sinn, wir hätten bereits genug getan für die leidenden Wesen.

Wir können die Übung jederzeit und in allen Lebenslagen praktizieren, nicht zuletzt auch in jenen Momenten, in denen wir uns gerade selbst mit leidvollen Erfahrungen auseinandersetzen müssen. In dem Fall wirkt sich der Umstand, dass wir eigenem Schmerz mit Selbstlosigkeit und Mitgefühl begegnen, wie ein schmerzlindernder Balsam aus, und anstatt uns in unserer Ichbezogenheit noch mehr zu verschließen, können wir uns daher für andere öffnen. Die Übung lässt sich sehr gut außerhalb der eigentlichen Meditationssitzungen durchführen, aber auch in unsere Meditationspraxis mit einbeziehen, um sie anschließend auf alle erdenklichen Alltagssituationen anzuwenden.

1. Variante

Wenn wir ausatmen, stellen wir uns das eigene Herz als eine strahlend leuchtende Sphäre vor. Weiße Lichtstrahlen gehen von unserem Herzen aus und tragen das eigene Glück in alle Himmelrichtungen zu sämtlichen Wesen.

Wenn wir einatmen, nehmen wir ihre leidvollen Erfahrungen als eine dichte, dunkle Wolke in uns auf. Sie dringt in unser Herz ein und löst sich, ohne die geringste Spur zu hinterlassen, in weißes Licht auf.

2. Variante

Unser Körper, so stellen wir uns nun vor, vervielfältigt sich unzählige Male. Seine Manifestationen gelangen in jeden Winkel des Universums, nehmen das Leid all der Wesen, die sie dort antreffen, auf sich und bringen ihnen unser Glück. Weiterhin stellen wir uns vor, unser Körper verwandele sich in Kleidung für diejenigen, die frieren, in Nahrung für die Hungrigen oder in eine schützende Behausung für die Obdachlosen. Wir werden zum »wunscherfüllenden Juwel«. Etwas größer bemessen als unser Körper, in einem wunderschönen Saphirblau schimmernd, kann dieser Juwel denen, die einen Wunsch an ihn richten, alles zukommen lassen, was sie benötigen.

Diese Praxis ermöglicht es uns, das Atmen mit der Entwicklung von Mitgefühl zu verbinden. Da sie sehr einfach ist, können wir sie in jeder Alltagssituation ausüben, ob wir nun in einem Zug sitzen, in einer Schlange anstehen müssen, im Stau stecken oder uns gerade inmitten der täglichen Aktivitäten eine kleine Verschnaufpause gönnen.

Physischen Schmerz lindern

Ausnahmslos jeder von uns wird im Leben mit körperlichem Schmerz konfrontiert. In der Art und Weise, auf diesen zu reagieren, zeigen sich allerdings von Mensch zu Mensch bedeutsame individuelle Unterschiede. Beispielsweise wird die Empfindung von Schmerz durch den ängstlichen Wunsch, den Schmerz zu unterdrücken, ganz erheblich verstärkt werden. So kann ein harmloser Schmerz unerträglich werden. Hingegen lässt sich ein quälender chronischer Schmerz besser ertragen, wenn man zu einer veränderten Einstellung gelangt und ihm einen Sinn verleiht.

Neurowissenschaftliche Forschungsergebnisse zeigen, welch bedeutsame Rolle im Schmerzerleben die Deutung von Empfindungen spielt. Bei Versuchen an Freiwilligen wurde am Arm der Probanden in regelmäßigen Zeitabständen eine Reizstimulation vorgenommen, die teils recht schmerzhaft, teils wesentlich weniger schmerzhaft war. Im Anschluss an jede Stimulation sollten die Teilnehmer die Intensität der Schmerzempfindung bewerten. Nach einigen Tagen erklärten die Wissenschaftler den Versuchspersonen, sie würden nun einen starken Schmerzstimulus erhalten, obwohl tatsächlich nur ein schwacher Reiz ausgelöst wurde, und umgekehrt. Die Ankündigung eines starken Stimulus, so hat sich daraufhin gezeigt, führte dazu, dass ein schwacher Reiz als stark erlebt wurde, und die Ankündigung eines schwachen bewirkte, dass die Betreffenden einen normalerweise sehr schmerzhaften Impuls nicht als sonderlich schmerzhaft empfanden. Im Schmerzerleben spielt die Antizipation – die Frage, ob mit einem harmlosen oder einem eher heftigen Schmerz zu rechnen sei – demnach eine maßgebliche Rolle. Der Placeboeffekt (etwas tut uns gut, weil wir uns Gutes davon versprechen) wie auch der Noceboeffekt (etwas wirkt sich nachteilig aus, weil wir etwas Unliebsames erwarten) bestätigen den Einfluss des Geistes auf den Körper und auf die Qualität unserer Erfahrung.

Die Empfänglichkeit für Schmerz beziehungsweise seine Einschätzung hängt also großenteils davon ab, wie der Geist funktioniert. Schmerzen ertragen wir leichter, wenn Dauer und Intensität absehbar sind. Denn das hilft uns, bereit zu sein für die Erfahrung, und dadurch können wir mit dem Schmerz besser umgehen. Schwerer fällt uns der Umgang mit dem Schmerz, wenn dieser unter Umständen stärker werden könnte und seine voraussichtliche Dauer unbekannt ist. Wenn ein Schmerz sich völlig unserer Kontrolle entzieht und wir glauben, er werde unbefristet fortdauern, läuft der Geist Gefahr, vom Leid überwältigt zu werden.

Verleihen wir dem Schmerz einen Sinn, können wir ihn ebenfalls besser ertragen. Dieser Fall tritt ein, wenn wir denken, dass er uns letztlich zugute kommen wird. Zum Beispiel sind wir bereit, die Schmerzen einer medizinischen Behandlung hinzunehmen, da sie uns auf Genesung hoffen lässt. Auch einer anderen Person zuliebe kann man Schmerz auf sich nehmen, etwa wenn man als Elternteil oder Freund, um das Leben eines geliebten Menschen zu retten, Blut oder gar ein Organ spendet. Ebenso verhält es sich mit den gelegentlich recht heftigen Beschwerden und Schmerzen, die ein Sportler beim Training in Kauf nimmt. Er akzeptiert den Schmerz, weil er ihn dem Ziel, die Leistung zu steigern, unterordnet. Je stärker der Schmerz, versichern manche Athleten, umso lieber, da er ein Gradmesser für die

Intensität ihres Trainings sei. Von einem unvorhergesehen auftretenden Schmerz ohne erkennbaren Wert, zum Beispiel nach einer im Training zugezogenen Verletzung, sind dieselben Sportler weit unangenehmer berührt. Dem Schmerz einen Sinn zu geben, verschafft uns Macht über ihn und verhindert jene Angst, die aufkommt, wenn wir den Eindruck haben, die Kontrolle zu verlieren und völlig ausgeliefert zu sein. Reagieren wir jedoch mit Furcht, Rebellion, Entmutigung, Unverständnis oder einem Gefühl der Ohnmacht, macht uns nicht mehr nur *eine* peinigende Erfahrung zu schaffen, sondern gleich mehrere.

Am schwersten sind anhaltend starke chronische Schmerzen zu ertragen, die dauernd andere Empfindungen überlagern. Als ständiger Begleiter jedes Gedankens und jeder Handlung beherrscht der Schmerz in diesem Fall den Geist und unsere Beziehung zur Welt. Einen kranken Menschen habe ich einmal sagen hören: »Ein starker chronischer Schmerz gleicht einem Stein, der in einen See geworfen wurde: Die Wellen breiten sich immer weiter aus, erfassen unser gesamtes Leben, und man kann ihnen einfach nicht entkommen, nirgendwohin.«

Nichtsdestoweniger liegt es durchaus im Bereich des Möglichen, dass auch ein starker Schmerz unsere positive Sicht der Dinge, unser positives Verhältnis zum Leben, nicht unbedingt zunichte macht.

Wenn es uns gelingt, einen gewissen inneren Frieden zu finden, können wir die Geistesstärke leichter wahren beziehungsweise schnell wieder neue Kraft schöpfen, selbst wenn wir uns in einer schwierigen Lebenslage befinden.

Nach eigener Aussage fühlen sich manche Menschen, die einen Autounfall überlebt, Folterungen oder schlimme Schmerzen anderer Art durchgestanden haben, einige Zeit danach »menschlicher« und wissen ihre Umgebung, die Schönheit der Natur und die Qualitäten ihrer Mitmenschen mehr zu schätzen. »Sie betrachten«, so hat es einer von ihnen ausgedrückt, »jeden Augenblick ihres Lebens als einen kostbaren Schatz.«[25]

Wie aber können wir jetzt schon lernen, den Schmerz anzunehmen, statt ihm zum Opfer zu fallen? Wenn wir uns ihm ohnehin nicht entziehen können, sollten wir doch lieber den größtmöglichen Nutzen aus dem Schmerz ziehen, statt den fruchtlosen Versuch zu unternehmen, ihn zurückzuweisen. Ob man sich nun völlig der Verzweiflung überlässt oder ob man die Geistesstärke und den Lebenswillen aufrechterhält – der Schmerz wird ohnehin da sein, so oder so. Im zweiten Fall ist man freilich in der Lage, nicht nur seine menschliche Würde zu wahren, auch das Selbstvertrauen bleibt erhalten. Und das macht einen gewaltigen Unterschied!

Zu diesem Zweck lehrt der Buddhismus verschiedene Vorgehensweisen. Vier von ihnen werden wir hier vorstellen: Den Schmerz in einem Zustand voller Bewusstheit einfach nur beobachten, ohne ihn zu deuten, das ist die erste Methode. Bei der zweiten machen wir uns die Kraft der inneren Bilder zunutze. Die dritte ermöglicht es uns, den Schmerz zu transformieren, indem wir durch ihn zu Liebe und Mitgefühl erwachen. Und schließlich untersuchen wir die Natur des Leids beziehungsweise – in einem weiteren Schritt – die Natur des Geistes, der dieses Leid erfährt. Das ist die vierte Methode.

Meditation

Volle Bewusstheit

Indem wir uns an die nachfolgend gegebenen Erklärungen halten, beobachten wir die Schmerzempfindung mit ungeteilter Aufmerksamkeit, ohne sie zu deuten, abzulehnen oder zu fürchten. Wir lassen uns auf die Erfahrung des gegenwärtigen Moments ein. Die Empfindung des Schmerzes bleibt unvermindert bestehen, wir leisten ihr allerdings keinen Widerstand.

Zur Inspiration

»Die meisten von uns betrachten Schmerz als eine Bedrohung für unser körperliches Wohlergehen. Geben wir ihm zu viel Raum, wird er nur umso stärker. Machen wir ihn hingegen zum Meditationsobjekt, wird er ein Mittel zur Steigerung der geistigen Klarheit.«
Yongey Mingyur Rinpoche

Wie gehen wir vor, damit Schmerz zu einem Meditationsobjekt werden kann?

»Ein reines, durch dieses Geschehen nicht blockiertes Bewusstsein nimmt Schmerz ausschließlich als Energiefluss wahr. Kein Gedanke, kein Widerstand. Einfach nur Energie. [...] Doch der Geist konzeptualisiert Erfahrungen wie diejenige des Schmerzes. Ihr werdet beobachten können, dass ihr an sie als ›Schmerz‹ denkt. Das ist ein Konzept, ein Etikett, das der Empfindung als solcher hinzugefügt wird. Und dann konstruiert ihr ein mentales Bild des Schmerzes, indem ihr ihn als Entität betrachtet. [...] Wahrscheinlich ertappt ihr euch auch bei dem Gedanken: ›Ich habe Schmerzen im Bein.‹ Aber ›ich‹ ist eine Vorstellung – etwas, das der schieren Erfahrung von außen hinzugefügt wurde.

Wenn ihr ›ich‹ in den Prozess mit hineinbringt, schafft ihr begrifflich eine Diskontinuität zwischen der Wirklichkeit und dem ichlosen Bewusstsein, das diese Wirklichkeit wahrnimmt. Gedanken wie ›ich‹, ›mein‹, ›mir‹ haben im unmittelbaren Bewusstsein keinen Platz. Es sind Fremdkörper, trügerische Zusätze. Wenn ihr ›ich‹ mit ins Spiel bringt, identifiziert ihr euch mit dem Schmerz. Infolgedessen wird er verstärkt. Lasst ihr das ›Ich‹ aus dem Spiel, ist der Schmerz nicht schmerzhaft. Er ist einfach reiner Energiefluss.«[26]

Bhante Henepola Gunaratna

Die Macht der bildhaften Vorstellung

Wir visualisieren einen wohltuenden leuchtenden Nektar, der die Stelle des schlimmsten Schmerzes durchdringt. Nach und nach löst der Nektar den Schmerz auf und verwandelt ihn schließlich in ein Wohlgefühl. Nun füllt der Nektar den ganzen Körper aus. Allmählich vergeht der Schmerz. Sollte er wieder zunehmen, verstärken wir sogleich die Kraft des Nektars, indem wir uns vorstellen, dass jedes Schmerz-Atom jetzt durch ein Wohlseins-Atom ersetzt wurde. Auf diese Weise können wir die Essenz des Schmerzes in Glückseligkeit verwandeln.

Die Kraft des Mitgefühls

Wir bringen ein starkes Empfinden von selbstloser Liebe und Mitgefühl für sämtliche Wesen hervor und denken: »Wie sehr wünsche ich mir, nicht mehr zu leiden! Doch andere Lebewesen sind Schmerzen ausgesetzt, die meinen ähneln, ja oft sogar weitaus schlimmer sind. Wie sehr wünsche ich, sie könnten ebenfalls frei sein von diesen Schmerzen!« In dem Moment erleben wir den Schmerz nicht mehr als Behinderung oder Belastung. Von altruistischen Empfindungen durchdrungen, stellen wir uns auch nicht mehr verbittert die Frage: »Warum ausgerechnet ich?«

Werden wir völlig von uns selbst in Anspruch genommen, so sind wir verletzlich; Bestürzung, Ärger, ein Gefühl der Ohnmacht oder Furcht gewinnen leicht die Oberhand. Empfinden wir hingegen angesichts der leidvollen Erfahrung anderer starke Anteilnahme und bedingungsloses Wohlwollen, wandelt sich Resignation zu Mut, Depression macht der Liebe Platz, und aus Engstirnigkeit wird Offenheit für alle, mit denen wir zu tun haben.

Kontemplation über die Natur des Geistes

Nun vertiefen wir uns einfach in die Betrachtung des Schmerzes. Selbst wenn es sich um einen stechenden Schmerz handeln sollte, fragen wir uns, welche Farbe, Form oder sonstige unwandelbare Eigenschaft er aufweist. Tatsächlich verliert der Schmerz in dem Maß, in dem wir ihn einzugrenzen versuchen, seine Kontur. Und schließlich erkennen wir hinter dem Schmerz bewusstes Gewahrsein; jenes Gewahrsein, das am Ursprung jeder Empfindung und jedes Gedankens steht. Wir entspannen den Geist und versuchen, den Schmerz in der vollen Bewusstheit ruhen zu lassen, frei von allen geistigen Hervorbringungen. Diese Haltung hilft uns aus der Rolle eines nur passiven Opfers heraus. Stattdessen können wir dem Schmerz zu guter Letzt direkt begegnen und der Verheerung entgegenwirken, die er andernfalls im Geist anrichten würde.

Das ist sicherlich nicht einfach, aber durchaus machbar, wie die Erfahrung zeigt. Von vielen Meditierenden wissen wir, dass sie dank dieser Methode im Endstadium einer sehr schmerzhaft verlaufenden Krankheit relativ gelassen bleiben konnten und anscheinend wenig unter den Schmerzen zu leiden hatten. Einige Wochen, bevor Francisco Varela, ein bekannter Forscher im Bereich der Kognitionswissenschaften, der sich jahrelang in buddhistischer Meditation geübt hatte, an einer Krebserkrankung verstarb, die sich im ganzen Körper ausgebreitet hatte, vertraute er mir an, dass er fast ständig in der erwachten Präsenz der vollen Bewusstheit ruhen konnte. Dadurch schien der körperliche Schmerz für ihn in so weite Ferne gerückt zu sein, dass er ungeachtet des Schmerzes den inneren Frieden zu wahren vermochte. Schmerzlindernde Mittel mussten ihm übrigens nur in niedriger Dosierung verabreicht werden. Diese Klarheit und kontemplative Gelassenheit vermochte er bis zum letzten Atemzug aufrechtzuerhalten.

Einsichtsmeditation

Wir kommen nun zur Einsichtsmeditation (Sanskrit: *Vipashyana*; Pali: *Vipassana*). Warum ist eine korrekte Sicht der Wirklichkeit so wichtig? Es mag den Anschein haben, als sei dies in erster Linie von theoretischem Interesse. Doch das trifft nicht zu. Die Art und Weise, wie wir unsere Mitmenschen und die Welt im Allgemeinen wahrnehmen, hat ganz erheblichen Einfluss auf unsere Lebenseinstellung und unser Verhalten. Denn unablässig stülpen wir der Welt unsere falsche Sicht der Dinge über. Die daraus sich ergebenden Entstellungen und Verzerrungen aber sind Ursache für Frustration und Kummer, da sie mit Sicherheit irgendwann an der Wirklichkeit anecken. Wie oft schon haben wir jemanden oder etwas für total begehrens- oder hassenswert gehalten? Wie stark hängen wir an »ich« und »mein« und sind zutiefst davon überzeugt, uns diesbezüglich auf eine verlässliche, wohlbegründete Vorstellung zu stützen?

Angenommen, wir würden sämtliche Phänomene als einen dynamischen Strom wechselseitig voneinander abhängiger Geschehnisse wahrnehmen, deren Eigenschaften sich in stetem Wandel befinden, da sie auf unzähligen Ursachen und Bedingungen beruhen und den durch sie definierten Objekten nicht wesensmäßig zukommen. Von dieser Perspektive ausgehend, werden Vorstellungen wie »ich« und »mein« weitaus flexibler und daher nicht mehr zum Gegenstand solch starker Fixierung.

Durchdringende, in die Tiefe gehende Einsicht zu entwickeln, diese Praxis ist für die Beseitigung des Leids und jener fundamentalen Unwissenheit, von der es herrührt, unerlässlich.

Freilich setzt die Entwicklung dieser durchdringenden Einsicht unbedingt einen klaren, gesammelten und stabilen Geist voraus – und somit eine entsprechende Vorbereitung durch die Praxis der Geistesruhe, *Shamatha*. Diese allein reicht jedoch, wie wir bereits gesehen haben, nicht aus. Durch *Shamatha* kommen zwar die aufwühlenden Emotionen kurzzeitig zur Ruhe, wirklich beseitigt werden sie allerdings nicht. Deshalb ist es unbedingt notwendig, dass wir mithilfe von *Vipashyana* Einsicht in die allem zugrunde liegende Natur des Bewusstseins gewinnen, dass wir ferner erkennen, auf welche Weise die Emotionen entstehen beziehungsweise miteinander verkettet sind und wie unsere Geistesgebilde die Ichbezogenheit verstärken.

Mit den Mitteln der Analyse, später auch durch unmittelbare Erfahrung, hilft uns die Einsichtsmeditation zu verstehen, dass die Phänomene vergänglich und voneinander abhängig sind, daher keineswegs über jenes eigenständige, solide Dasein verfügen, das wir ihnen gewöhnlich zuschreiben. Das versetzt uns in die Lage, die Welt auf eine wahrheitsgemäßere und freiere Weise wahrzunehmen. Wir bleiben nicht länger in unserer selbstbezogenen Sicht gefangen und können mit den emotionalen Rückwirkungen, die durch die Interaktion mit der uns umgebenden Welt hervorgerufen werden, viel leichter umgehen.

Vipashyana lässt sich auf verschiedenen Ebenen und auf unterschiedliche Art praktizieren. Einige Aspekte werden wir hier genauer betrachten:

– wie man zu einem besseren Wirklichkeitsverständnis gelangt;
– wie man sich von der verstörenden Wirkung der aufwühlenden Emotionen frei macht;
– wie man den trügerischen Charakter des Ich enthüllt und begreift, welchen Einfluss diese Vorstellungen auf unser Leid und unser Wohlergehen ausüben;
– wie man die allem zugrunde liegende Natur des Geistes erfasst.

Die Wirklichkeit besser verstehen

Was hat man überhaupt unter *Wirklichkeit* zu verstehen? Im Buddhismus versteht man darunter die wahre Natur der Dinge: unbeeinträchtigt von Geistesgebilden, die uns die Dinge anders erscheinen lassen, als sie tatsächlich sind – eine Diskrepanz, die es mit sich bringt, dass wir immer wieder mit der Welt in Konflikt geraten. In der Tat nehmen wir gewöhnlich die äußere Welt als eine Ansammlung eigenständiger, voneinander unabhängiger Entitäten wahr, und diesen schreiben wir Merkmale zu, die vermeintlich ihnen selbst zukommen. »Angenehm« oder »unangenehm« zu sein betrachten wir beispielsweise als ein den Dingen selbst innewohnendes Merkmal, und die Menschen, so scheint uns, sind von sich aus »gut« oder »schlecht«. Das »Ich«, das diese Dinge wahrnimmt, halten wir für ebenso real und konkret.

Die Wirklichkeit so zu verkennen, wird im Buddhismus als *Unwissenheit* bezeichnet. Die Folge sind starke Anziehungs- oder Ablehnungsreaktionen, die normalerweise eine endlose Kette leidvoller Erfahrungen nach sich ziehen.

Gemäß der buddhistischen Analyse kommt die Welt durch das Zusammentreffen zahlloser, unablässig der Veränderung unterliegender Ursachen und Bedingungen zustande. Ein Regenbogen entsteht genau in dem Moment, in dem Sonnenschein auf einen Regenschauer trifft. Doch braucht nur einer der Faktoren zu entfallen, schon verschwindet er. In gleicher Weise ist die Existenz der Phänomene ihrer Natur nach durch wechselseitige Bedingtheit – oder wechselseitige Abhängigkeit – gekennzeichnet. Mit anderen Worten: Sie verfügen über keine unabhängige und dauerhafte Existenz. Die *letztendliche Wirklichkeit*, ob nun bei belebten oder bei unbelebten Phänomenen, ist daher gleichbedeutend mit dem, was man als *Leerheit* bezeichnet, als das *Nichtvorhandensein von Eigenexistenz*. Alles existiert in Wechselbeziehung, nichts ist an sich und von sich aus existent. Hat man diesen zentralen Begriff verstanden und ihn sich zu eigen gemacht, gibt die fehlgeleitete Wahrnehmung, die man von sich selbst und der Welt hatte, einem angemessenen Verständnis der Natur der Dinge und der Lebewesen Raum: dem *Wissen*. Dieses beinhaltet weder eine intellektuelle Konstruktion noch eine Ansammlung von Informationen. Vielmehr besteht es in einer grundlegenden Herangehensweise, die es uns erlaubt, der geistigen Blindheit und den aus ihr resultierenden aufwühlenden Emotionen – und damit der Hauptursache des Leids – abzuhelfen und sie aufzulösen.

Die folgende, zur Transformation unserer Wirklichkeitswahrnehmung beitragende Meditation wird in der Sprache unserer Zeit beschrieben. Nichtsdestoweniger beruht sie auf einer in der traditionellen buddhistischen Philosophie zu findenden Analyse. Im Anhang dieses Buches sind Werke aufgeführt, in denen man sie nachlesen kann.

Meditation

Wir stellen uns eine frisch erblühte Rose von bewundernswerter Schönheit vor. Welch eine Anmut! Nun stellen wir uns vor, ein kleines Insekt zu sein, das an einem ihrer Blütenblätter knabbert. Welch wonniger Wohlgeschmack! Dann versetzen wir uns in die Haut eines Tigers, in dessen Gesichtsfeld diese Rose auftaucht. Ob er eine Rose oder ein Bund Heu vor Augen hat, bedeutet für ihn kaum einen Unterschied. Als Nächstes begeben wir uns ins Innerste der Rose hinein und stellen uns vor, wir seien ein Atom. Nun existieren wir nur noch in Form eines Energieteilchens – in einer kaleidoskopischen Welt, im Zentrum eines Wirbels von Partikeln, die einen fast vollständig leeren Raum durchqueren. Wo ist die Rose geblieben? Wo ihre Farbe, ihre Form, ihre materielle Beschaffenheit, ihr Duft und ihre Schönheit? Und was die Partikel betrifft, haben wir es hier bei näherer Betrachtung denn überhaupt mit klar definierbaren Objekten zu tun? Durchaus nicht, sagen die Physiker. Für sie handelt es sich eher um aus der Quantenleere auftauchende »Ereignisse«, um »Wahrscheinlichkeitswellen« beziehungsweise letztlich um Energie. Um Energie? Ist diese vielleicht eine Entität? Oder eher ein Potenzial, das sich – weder nichtexistent noch wirklich existent – zu manifestieren vermag? Was bleibt da noch von der Rose?

Wenn wir über die »Leerheit« eines Phänomens reden, soll damit keinesfalls seine Nichtexistenz behauptet, sondern seine wahre Natur beschrieben werden. Die Leerheit eines Regenbogens besagt nicht, er sei gar nicht vorhanden. Vielmehr wird hier die Tatsache angesprochen, dass er ungeachtet seiner in allen Farben schillernden Erscheinung völlig ohne jede unabhängige und dauerhafte Eigenexistenz ist. Die hinter uns scheinende Sonne braucht nur einen Augenblick lang verdeckt oder der Regenschauer unterbrochen zu werden, schon verschwindet der Regenbogen, ohne die geringste Spur zu hinterlassen.

Indem wir die uns umgebenden Dinge auf diese Weise untersuchen, werden wir gewahr, dass sie trotz ihrer soliden Erscheinung keineswegs über eine letztendliche Existenz verfügen. In dieser unauflöslichen Einheit von Erscheinung und Leerheit, von Form und Leere lassen wir den Geist einige Momente lang ruhen.

Zur Inspiration

»Wie eine Sternschnuppe, eine Luftspiegelung, eine Flamme,
eine magische Illusion, den Morgentau, eine Luftblase,
wie einen Traum, einen Blitz oder eine Wolke:
So sollst du alle zusammengesetzten Dinge betrachten.«

Chandrakirti

»Wie die Spiegelungen auf der Oberfläche eines klaren Sees
manifestiert sich die Vielfalt der Phänomene
und ist doch frei von eigenständiger Existenz.
Heute noch erlange die Gewissheit,
dass alles nur ein Widerschein der Leerheit ist.«[27]

Longchen Rabjam

»Subjekt und Objekt sind wie Sandelholz und der Duft des Sandelholzes. Samsara und Nirvana sind wie Eis und Wasser. Erscheinungen und Leerheit sind wie die Wolken und der Himmel. Die Gedanken und die Natur des Geistes sind wie die Wellen und der Ozean.«[28]

Geshe Chayulpa

»Im tiefen Winter lässt die Kälte Flüsse und Seen gefrieren; das Wasser wird so fest, dass es Menschen,

Tiere und Wagen tragen kann. Wenn der Frühling naht, erwärmen sich Erde und Wasser, und alles schmilzt. Was bleibt von der Festigkeit des Eises? Das Wasser wird wieder flüssig und gerät in Bewegung, wohingegen das Eis hart und erstarrt ist. Beide sind also weder miteinander identisch noch, da Eis lediglich gefrorenes Wasser ist und Wasser geschmolzenes Eis, voneinander verschieden.

Dieses Bild steht zugleich für unsere Wahrnehmung der ›Wirklichkeit‹. Wenn wir an der Realität der Dinge haften, uns von Urteilen wie Verlangen oder Hass, Vergnügen oder Schmerz, Gewinn oder Verlust, Ruhm oder Schande, Lob oder Tadel festlegen lassen, erstarrt der Geist. Wir können indes das Eis unserer Vorstellungen und Vorurteile schmelzen lassen, um es in das lebendige Wasser des Freiseins für alle Möglichkeiten zu verwandeln.«

Khyentse Rinpoche

»Einsicht in die Natur des Geistes zu gewinnen und die Welt der Phänomene angemessen zu verstehen, für unsere Suche nach Glück ist beides unerlässlich. Wenn der Geist die Natur der Dinge völlig missversteht und die entsprechenden Sichtweisen aufrechterhält, wird er sich schwerlich dahin gehend wandeln können, dass er schließlich die Erfahrung von Freiheit macht. Eine korrekte Sicht zu entwickeln, ist keine Frage des Glaubens oder des Festhaltens an einem Dogma, sondern eine Frage klarer Einsicht. Diese stützt sich auf eine korrekte Analyse der Wirklichkeit. Somit wird der Glaube an eine Eigenexistenz der Phänomene, auf dem unsere falsche Weltsicht basiert, nach und nach infrage gestellt und kann schließlich einer angemessenen Sicht der Dinge weichen.«[29]

Der Vierzehnte Dalai Lama

Lernen, mit Gedanken und Emotionen umzugehen

Man hört des Öfteren, der Buddhismus ganz allgemein, vor allem aber die Meditation, zielten darauf ab, die Emotionen zu unterdrücken. Nun kommt es natürlich entscheidend darauf an, was man unter »Emotion« versteht. Wenn damit aufwühlende, verstörend wirkende Geisteszustände wie Hass und Eifersucht gemeint sind, warum sollte man sich ihrer nicht entledigen? Handelt es sich hingegen um eine kraftvolle Empfindung von selbstloser Liebe und von Mitgefühl für diejenigen, die leiden, warum sollte man diese Qualitäten dann nicht entwickeln? Darin besteht jedenfalls das Ziel von Meditation.

Meditation hilft uns, Ausbrüche von bösartiger Wut oder von Eifersucht und Anwandlungen von unkontrolliertem Verlangen oder von unbegründeter Angst in den Griff zu bekommen. Sie befreit uns aus der Gewalt jener Geisteszustände, die unser

Urteilsvermögen vernebeln und zur Quelle nicht enden wollender Erfahrungen von Leid werden. Da diese Geisteszustände unser Leben und das unserer Mitmenschen buchstäblich vergiften, spricht man in diesem Zusammenhang auch von »Geistesgiften«.

Das Wort »Emotion« geht auf das lateinische *emovere* zurück, »in Bewegung setzen«. Eine Emotion ist also dasjenige, was den Geist bewegt, sei es in Richtung eines schädlichen, eines neutralen oder nützlichen Gedankens. Die Emotion beherrscht den Geist und bringt ihn dazu, sich eine bestimmte Perspektive, eine gewisse Sicht der Dinge zu eigen zu machen. Diese Sichtweise kann der Wirklichkeit entsprechen, wie zum Beispiel im Fall von selbstloser Liebe und Mitgefühl, oder entstellt und verzerrt sein, wie im Fall von Hass oder Gier. Altruistische Liebe beinhaltet, wie bereits hervorgehoben wurde, die Bewusstwerdung der Tatsache, dass ebenso wie wir selbst auch alle anderen Wesen den Wunsch hegen, von Leid frei zu sein. Sie basiert somit auf der Erkenntnis der grundlegenden wechselseitigen Abhängigkeit der Wesen, an der auch wir teilhaben. Hass hingegen verzerrt die Wirklichkeit: Defizite und Fehler der Person oder Sache, gegen die er sich richtet, bauscht er auf, und die guten Eigenschaften ignoriert er. Im umgekehrten Fall werden wir durch glühendes Verlangen dazu gebracht, das Objekt der Begierde in jeder Hinsicht als erstrebenswert wahrzunehmen und seine Fehler völlig zu übersehen. Deshalb sollte es möglich sein, sich darauf zu verständigen, dass manche Emotionen ausgesprochene Unruhestifter, andere dagegen wahre Wohltäter sind. Stärkt eine Emotion den inneren Frieden und regt sie uns dazu an, uns um das Wohl der anderen zu kümmern, können wir sie als positiv oder konstruktiv betrachten. Wenn sie jedoch auf Kosten unserer Ausgeglichenheit geht, den Geist heftig aufwühlt und uns veranlasst, anderen zu schaden, ist sie negativ oder störend. Darin unterscheidet sich beispielsweise große Entrüstung – sogenannter »heiliger Zorn«, der uns überkommen kann, wenn wir Zeuge einer Ungerechtigkeit werden – von einem Zorn mit der Absicht, jemandem Schaden zuzufügen.

Statt uns zu bemühen, die Emotionen zu unterdrücken, was ohnehin vergebens wäre, versuchen wir es zu bewerkstelligen, dass sie zu unserem inneren Frieden beitragen, und sind bestrebt, auf heilsame Weise über andere zu denken, mit ihnen zu reden und umzugehen. Wir sollten also vermeiden, dass wir zum Spielball der eigenen Emotionen werden; soweit negative Emotionen auftauchen, versuchen wir sie aufzulösen, während wir die positiven nach Kräften kultivieren.

Ferner sollten wir verstehen, dass unsere Stimmungen aufgrund der Ansammlung und Verknüpfung von Emotionen und Gedanken zustande kommen. Solche Stimmungen können einige Momente oder einige Tage anhalten, und auf längere Sicht bilden sich so unsere Neigungen und Charakterzüge heraus. Wenn wir lernen, mit unseren Emotionen möglichst gut umzugehen, werden wir daher Stück für Stück, Emotion für Emotion, Tag für Tag unsere Lebensweise transformieren. Das ist die Essenz der Geistesschulung und des Meditierens über die Emotionen.

Von den verschiedenen Methoden, die uns befähigen, in der Meditation mit den Emotionen zu arbeiten, werden nachfolgend zwei erläutert: Bei der ersten Methode geht es um die Anwendung von Gegenmitteln; bei der zweiten kommt es darauf an, uns mit den vorübergehend auftretenden Emotionen nicht zu identifizieren, indem wir ihre wahre Natur erkennen.

Auf Gegenmittel zurückgreifen

Als Gegenmittel wird hier ein Geisteszustand bezeichnet. Und zwar ist dieser der aufwühlenden Emotion, gegen die wir anzugehen versuchen, diametral entgegengesetzt. Ein Glas Wasser kann nicht gleichzeitig heiß und kalt sein. Ebenso wenig können wir derselben Person zugleich nützen und schaden wollen. Es gilt also Gegenmittel zu entwickeln, die wirkungsvoll genug sind, um die uns störenden Emotionen zu neutralisieren.

Aus einem anderen Gesichtswinkel betrachtet verhält es sich folgendermaßen: Je mehr Güte wir entwickeln, desto weniger Raum bleibt im Geist für ihr Gegenteil, die Missgunst – ganz so wie in einem Zimmer die Dunkelheit umso mehr verschwindet, je mehr Licht hineingelangt. In den folgenden Meditationen beschäftigen wir uns zunächst mit dem Verlangen, dann mit böswilliger Wut.

Verlangen

Niemand bestreitet, dass es ganz natürlich ist, Verlangen zu haben, und dieses für die Verwirklichung unserer Wünsche im Leben eine unverzichtbare Rolle spielt. Doch ist es lediglich eine blinde, von sich aus weder wohltuende noch schädliche Kraft. Alles hängt davon ab, welchen Einfluss es auf uns hat. Es kann unser Leben inspirieren oder es vergiften. Es kann uns zu konstruktivem Handeln für uns selbst und andere anregen, aber es kann uns auch schlimme Qualen bereiten. Das ist der Fall, wenn das Verlangen zu einem unstillbaren, uns verzehrenden Durst wird. So können wir in direkte Abhängigkeit von den Ursachen des Leids geraten. Dann wird das Verlangen zur Quelle von Unheil; in der Rolle des Opfers zu verharren, bietet hier keinerlei Vorteil. Bei dieser Art von Verlangen bringen wir als Gegenmittel die innere Freiheit zur Anwendung.

Meditation

Wenn wir uns einem starken Verlangen ausgeliefert fühlen, das uns verwirrt und von uns Besitz ergreift, untersuchen wir als Erstes seine wesentlichen Merkmale, um die geeigneten Gegenmittel ausfindig zu machen.

Verlangen hat einen Dringlichkeitsaspekt. Darum beruhigen wir unsere Gedanken, indem wir in der zuvor beschriebenen Weise das Kommen und Gehen des Atems beobachten.

Von Verlangen geht etwas Nötigendes und Verstörendes aus. Um dem entgegenzuwirken, stellen wir uns vor, welche Entspannung und Erleichterung mit der inneren Freiheit verbunden sind. Wir sammeln uns eine Weile, damit dieses Gefühl von Freiheit in uns entstehen und zunehmen kann.

Verlangen verzerrt die Wirklichkeit, denn es betrachtet sein Objekt als etwas ganz und gar Erstrebenswertes. Um zu einer angemesseneren Sicht der Dinge zu gelangen, nehmen wir uns Zeit, das Objekt der Begierde unter Berücksichtigung all seiner Aspekte zu untersuchen. Dann meditieren wir einige Augenblicke über seine weniger anziehenden beziehungsweise seine unangenehmen Seiten.

Schließlich lassen wir den Geist ganz entspannt im Frieden der vollen Bewusstheit ruhen, frei von Hoffnung und Furcht, und erfreuen uns an der Frische des gegenwärtigen Moments, die auf das Feuer der Begierde eine besänftigende Wirkung wie ein Balsam ausübt.

Zur Inspiration

»Ein friedvoller Geist ist nicht gleichbedeutend mit einem Geist ohne Gedanken, Wahrnehmungen und Empfindungen. Ein friedvoller Geist ist kein abwesender Geist.«[30]

Thich Nhat Hanh

»Behandelt euer Verlangen auf folgende Weise. Werdet des Gedankens beziehungsweise der Empfindung gewahr, sobald sie auftauchen. Nehmt zugleich den mit dem Verlangen einhergehenden Zustand des Geistes als etwas von diesem sich Unterscheidendes wahr. Werdet euch über das Ausmaß dieses Verlangens klar. Dann beobachtet, wie lange es andauert und wann es schließlich verschwindet. Wenn ihr das getan habt, lenkt eure Aufmerksamkeit auf die Atmung.«[31]

Bhante Henepola Gunaratna

»Wie gut es doch tut, sich zu kratzen, wenn es juckt! Aber wie groß erst die Erleichterung, wenn es nicht mehr juckt. Wie gut es tut, unsere Begierden zu befriedigen! Aber welches Glück, von Begierden frei zu sein.«[32]

Nagarjuna

Wut

Ichbezogene Wut, eine Vorstufe zu Hass, folgt dem Impuls, ohne Rücksicht auf das Wohl unserer Mitmenschen jeden, der sich den Forderungen des Ich widersetzt, aus dem Weg zu räumen. Zum Ausdruck kommt diese Wut durch offene Feindseligkeit, wenn das bedrohte Ego beschließt, zum Gegenangriff überzugehen, oder durch Groll und Verbitterung, weil es verletzt, verachtet oder ignoriert wurde. Simple Wut kann auch mit Böswilligkeit und dem Wunsch, jemandem absichtlich Schaden zuzufügen, einhergehen.

Der von Feindseligkeit und Verbitterung heimgesuchte Geist ist, befangen in dieser Täuschung, davon überzeugt, dass die Quelle für seinen Unwillen außerhalb seiner selbst liegt. In Wahrheit sitzt die Wut, mag sie auch durch ein äußeres Objekt ausgelöst worden sein, jedoch nirgendwo anders als im eigenen Geist. Darüber hinaus bringen wir, wenn wir den Hass eines anderen Menschen mit Hass beantworten, einen Teufelskreis in Gang. Die nun folgende Meditation soll nicht dazu führen, dass wir den Hass unterdrücken, sondern uns helfen, den Geist auf sein diametrales Gegenteil auszurichten: auf Liebe und Mitgefühl.

Meditation

Wir denken an jemanden, der sich uns oder uns nahestehenden Menschen gegenüber feindselig verhalten und uns Leid zugefügt hat. Wir schließen in unsere Gedanken auch diejenigen mit ein, die anderen unermessliches Leid angetan haben oder dies noch tun werden. Dabei führen wir uns Folgendes vor Augen: Wenn die Geistesgifte, die diese Menschen zu solch einem Verhalten veranlasst haben, aus ihrem Geist verschwänden, würden sie ganz von selbst aufhören, unsere Feinde oder diejenigen der Menschheit zu sein. Wir wünschen uns von ganzem Herzen, dass diese Wandlung sich vollziehen möge. Zu diesem Zweck greifen wir auf die Meditation über selbstlose Liebe zurück und entwickeln, wie bereits an anderer Stelle geschehen, den Wunsch: »Mögen alle Wesen sich vom Leid und den Ursachen des Leids befreien. Mögen Hass, Gier, Stolz, Verachtung, Gleichgültigkeit, Geiz und Eifersucht aus ihrem Geist verschwinden, und mögen selbstlose Liebe, Genügsamkeit, Bescheidenheit, Wertschätzung, Fürsorglichkeit, Großzügigkeit und Sympathie an deren Stelle treten.«

All unsere Gedanken lassen wir von dieser Empfindung bedingungslosen Wohlwollens durchdringen.

Zur Inspiration

»Ich sehe keinen anderen Weg, als dass jeder von uns Einkehr hält in sich selbst und all dasjenige in sich ausrottet und vernichtet, was er meint, bei den anderen vernichten zu müssen. Wir müssen durchdrungen sein von dem Gedanken, dass jeder Funken Hass, den wir zu dieser Welt hinzufügen, sie noch unwirtlicher macht, als sie ohnehin ist.[33]«

»Ich glaube nicht mehr daran, dass wir irgendetwas in der äußeren Welt korrigieren könnten, was wir nicht zuerst in uns selbst korrigiert hätten. Die einzige Lektion aus diesem Krieg ist die, dass wir gelernt haben, in uns selbst zu suchen und nirgendwo anders.«[34]

Etty Hillesum

»Die Zeit ist gekommen, den Hass von seinen üblichen Zielen, euren vermeintlichen Feinden, abzuwenden und auf ihn selbst zu richten. In Wirklichkeit ist der Hass euer wahrer Feind: Ihn solltet ihr vernichten.«

Khyentse Rinpoche

»Überlassen wir uns dem Hass, kommt nicht unbedingt unser Feind zu Schaden, aber mit Sicherheit schaden wir uns selbst. Wir büßen unseren inneren Frieden ein, machen nichts mehr richtig, haben eine

schlechte Verdauung, keinen erholsamen Schlaf, eine abschreckende Wirkung auf diejenigen, die uns besuchen kommen, und werfen denen, die es wagen, unseren Weg zu kreuzen, grimmige Blicke zu. Das Zusammenleben mit uns wird unerträglich, sogar unsere liebsten Freunde verprellen wir. Da immer weniger Menschen an unserem Geschick Anteil nehmen, sind wir zunehmend allein. [...] Wofür ist das gut? Auch wenn wir unserer Wut bis zum bitteren Ende folgen, wird es uns niemals gelingen, all unsere Feinde aus der Welt zu schaffen. Oder kennen Sie etwa jemanden, der das geschafft hätte? Selbst wenn es uns heute gelingen sollte, unsere äußeren Feinde zu vernichten – solange wir dem inneren Feind, solange wir der Wut und dem Hass Unterschlupf gewähren, werden morgen schon neue auftauchen.«[35]
Der Vierzehnte Dalai Lama

Uns nicht länger mit den Emotionen identifizieren

Von der Emotion, die uns zu schaffen macht, geistig Abstand zu nehmen, ist die zweite Möglichkeit, mit den aufwühlenden Emotionen umzugehen. Gewöhnlich identifizieren wir uns vollständig mit unseren Gefühlen. Wenn uns die Wut packt, sind wir eins mit ihr. Sie ist dann allgegenwärtig in unserem

Geist und lässt keinen Raum für andere Geisteszustände wie etwa inneren Frieden, Geduld oder die vernünftige Abwägung von Gründen, die unseren Unwillen beschwichtigen könnten. Wenn wir in diesem Moment allerdings noch zu einer gewissen Geistesgegenwart fähig sind – eine Fähigkeit, die zu entwickeln man trainieren kann –, verschafft uns das die Möglichkeit, uns nicht mehr mit der Wut zu identifizieren.

Tatsächlich vermag der Geist alles, was sich in ihm abspielt, zu untersuchen. Dazu braucht er die Emotionen lediglich in der Weise zu beobachten, wie wir ein äußeres, vor unseren Augen sich abspielendes Geschehen beobachten. Derjenige Teil des Geistes, der die Wut wahrnimmt, ist einfach nur bewusst. Dieser Teil gerät nicht in Wut. Anders ausgedrückt: Die volle Bewusstheit bleibt von der Emotion, deren sie gewahr wird, unberührt. Dies zu verstehen erlaubt uns, Abstand zu nehmen, uns bewusst zu werden, dass diese Emotion keinerlei Substanz hat, und ihr genügend Raum zu geben, damit sie sich von selbst wieder auflösen kann.

So vermeiden wir zwei gleichermaßen nachteilige Extreme: die Emotion entweder zu unterdrücken, die dann doch irgendwo in einem dunklen Winkel unseres Bewusstseins wie eine Zeitbombe ticken wird, oder sie explodieren lassen – zulasten derer, die uns umgeben, und auf Kosten unseres inneren Friedens. Sich nicht mehr mit den Emotionen zu identifizieren, dieses grundlegende Gegenmittel können wir uns in allen Lebenslagen zunutze machen.

Bei der folgenden Meditation beziehen wir uns erneut – exemplarisch – auf die Wut als Meditationsobjekt. Für alle anderen aufwühlenden Emotionen gilt jedoch der gleiche Ablauf.

Meditation

Wir stellen uns vor, von heftiger Wut überwältigt zu werden. Uns kommt es so vor, als hätten wir gar keine andere Wahl und müssten ihr einfach nachgeben. Der Geist fühlt sich ohnmächtig und kehrt immer wieder zu dem zurück, was seine Wut ausgelöst hat, so wie ein Stück Eisen von einem Magneten angezogen wird. Hat uns zum Beispiel jemand beleidigt, haben wir die betreffende Person ständig vor Augen, und immer wieder kommen uns ihre Worte in den Sinn. Jedes Mal, wenn wir daran denken, entfachen wir von Neuem jenen Groll, der den Teufelskreis – in Form der Gedanken und der Reaktionen auf diese Gedanken – aufrechterhält.

Deshalb ändern wir diesmal unsere Taktik. Wir wenden uns vom Auslöser unserer Wut ab und widmen uns der Kontemplation über die Wut selbst: ähnlich, als würden wir beim Betrachten eines Feuers einfach aufhören, Holz nachzulegen. Das Feuer mag noch so große Flammen schlagen – über kurz oder lang wird es verglimmen. In gleicher Weise wird unsere Wut sich nicht selbst aufrechterhalten. Wenn wir einfach nur unsere Aufmerksamkeit auf die Wut richten, kann sie von alleine nicht fortbestehen. Jede Emotion, wie intensiv sie auch sein mag, erschöpft sich und verschwindet, wenn wir ihr keine Nahrung mehr bieten.

Ebenso sollten wir verstehen, dass selbst die heftigste Wut letzten Endes nur ein Gedanke ist. Untersuchen wir ihn einmal näher. Woher nimmt er die Macht, uns derart zu beherrschen? Besitzt er eine Waffe? Brennt er wie Feuer? Zermalmt er uns wie ein Felsbrocken? Können wir ihn in unserer Brust, unserem Herzen oder unserem Kopf lokalisieren? Wenn ja, hat er dann eine Farbe oder eine Form? Schwerlich werden wir ihm solche Merkmale zuschreiben können. Betrachtet man eine dicke schwarze Gewitterwolke am Himmel, wirkt sie derart massiv, dass man meinen mag, man könnte sich darauf hinsetzen. Würde man nun jedoch auf die Wolke zufliegen, fände man nichts Greifbares – nur feinen Wasserdampf, den man nicht zu fassen bekommt. Wenn wir die Wut mit großer Aufmerksamkeit untersuchen, finden wir nichts, was ihren tyrannischen Einfluss auf uns rechtfertigen könnte. Je genauer wir sie einzugrenzen versuchen, umso mehr entzieht sie sich dem Blick: wie Raureif unter den Strahlen der Sonne.

Woher kommt diese Wut? Wo steckt sie jetzt? Wohin verschwindet sie? Sie entspringt unserem Geist, verweilt dort einige Augenblicke und löst sich dann auf. Mehr können wir darüber nicht aussagen. Der Geist selbst bleibt ungreifbar, ist keine eigenständige, klar konturierte Entität, sondern nichts anderes als ein Strom von Erfahrungen.

Wenn wir lernen, jedes Mal, wenn eine starke Emotion aufwallt, intelligent mit ihr umzugehen, dann werden wir nicht nur die Kunst beherrschen, Emotionen unmittelbar im Moment ihres Auftauchens zu befreien, sondern wir entziehen auch den Neigungen, die das Erscheinen dieser Emotionen hervorrufen, jegliche Grundlage. Nach und nach werden sich so letztlich unsere Charakterzüge, ja unsere gesamte Seinsweise, wandeln.

Diese Methode mag anfangs etwas schwierig anmuten, besonders wenn wir sie in der Hitze des Gefechts anzuwenden versuchen. Mit ein wenig Übung wird sie uns jedoch vertrauter werden. Taucht dann Wut oder eine andere Emotion im Geist auf, können wir sie auf der Stelle identifizieren und ihr begegnen, bevor sie überhandnimmt. Das ist ähnlich, als wüssten wir über die Identität eines Taschendiebs Bescheid: Selbst wenn er sich unter die Menge mischt, können wir ihn dann sofort ausfindig machen und ihn ständig im Auge behalten, damit er keine Chance hat, uns die Geldbörse zu entwenden.

Indem wir uns auf diese Weise immer mehr damit vertraut machen, wie der Geist funktioniert, und uns in voller Bewusstheit üben, verhindern wir, dass der Funke einer gerade aufflackernden Emotion zu einem verheerenden Waldbrand wird, der unser Glück und das unserer Mitmenschen zunichte macht.

Diese Methode kann auf sämtliche aufwühlenden Emotionen angewendet werden; sie hilft uns, eine Brücke zu schlagen zwischen der Meditationspraxis und all den Aktivitäten, denen wir im Alltag nachgehen. Wenn wir es uns zur Gewohnheit machen, die Gedanken gleich im Moment ihres Auftauchens genau zu betrachten, damit sie sich auflösen, bevor sie vollständig von uns Besitz ergreifen, wird es wesentlich einfacher für uns, den Geist zu zügeln, ihn unter Kontrolle zu halten und inmitten unserer Alltagsaktivitäten mit den konfliktträchtigen Emotionen umzugehen.

Zur Inspiration

»Vergegenwärtigt euch, dass Gedanken nur das Ergebnis der flüchtigen Verbindung einer Vielzahl von Faktoren sind. Sie existieren nicht von sich aus. Deshalb erkennt, sobald sie auftauchen, die wahre Natur der Gedanken – Leerheit. Unverzüglich werden sie die Macht verlieren, andere Gedanken nach sich zu ziehen. Somit wird die Kette der Täuschung unterbrochen. Erkennt die Leerheit der Gedanken, und entlasst sie in die natürliche Klarheit des lichten und unveränderten Geistes.«[36]

»Wenn ein Sonnenstrahl auf einen Kristall trifft, strahlt Licht in den Farben des Regenbogens von ihm aus, leuchtend hell, doch ohne Substanz. Ebenso ungreifbar, immateriell, insubstanziell sind die Gedanken in ihrer unendlichen Vielfalt: Hingabe, Mitgefühl, Boshaftigkeit, Begierde beispielsweise. Es gibt keinen einzigen, der nicht leer – ohne eigenständige Existenz – ist. Wenn ihr die Leerheit eurer Gedanken in dem Augenblick erkennen könnt, in dem sie auftauchen, werden sie vergehen. Hass und Anhaftung können den Geist dann nicht mehr erschüttern, und die aufwühlenden Emotionen verschwinden von selbst. Ihr werdet keine negativen Handlungen mehr begehen und deshalb auch kein Leid mehr verursachen. Das ist letztendlicher Friede.«[37]

Khyentse Rinpoche

Auf der Suche nach dem Ich

Will man sich vom Leid befreien, ist es außerordentlich wichtig, Einsicht in die Natur des Ich zu gewinnen und zu verstehen, wie es funktioniert. Allerdings kann die Vorstellung, sich von der Vorherrschaft des Ich zu befreien, durchaus Bestürzung hervorrufen – zweifellos weil wir damit an das rühren, was wir für unsere grundlegende Identität halten.

Im Allgemeinen sind wir uns der Tatsache bewusst, dass sich unser Körper, seit wir geboren wurden, unablässig verändert hat und unser Geist Schauplatz für unzählige neue Erfahrungen war. Vom Gefühl her haben wir jedoch die Vorstellung, irgendwo tief in uns befinde sich eine dauerhafte Wesenheit, eine Entität, die der eigenen Person eine fest gefügte Realität und Beständigkeit verleiht. Dies halten wir für etwas derart Offensichtliches, dass wir es nicht für notwendig erachten, diese Intuition zu hinterfragen und genauer zu untersuchen. Das hat ein starkes Anhaften an Vorstellungen wie »ich« und daran anknüpfend »mein« – *mein* Körper, *mein* Name, *mein* Geist, *meine* Besitztümer, *meine* Freunde … – zur Folge und bringt entweder ein Verlangen, Dinge zu besitzen, oder andernfalls ein Gefühl der Ablehnung mit sich. So entsteht in unserer Gedankenwelt eine scheinbar unauflösliche Dualität zwischen »ich« und »andere«. Dieser Prozess macht uns zu einer imaginären Entität. Das Ich oder Ego besteht dabei nicht zuletzt auch in dem übersteigerten Gefühl eigener Wichtigkeit, das aus diesem Gedankengebilde resultiert. Seine fiktive Identität stellt sich ins Zentrum all unserer Erfahrungen.

Sobald man die Natur dieses Ich ernsthaft untersucht, bemerkt man jedoch, wie wir später sehen werden, dass sich eine eigenständige Entität, die diesem entspräche, nicht aufzeigen lässt. Letzten Endes stellt sich heraus, dass das Ich nichts weiter ist als eine dem Kontinuum jener Erfahrungen, die unser Bewusstsein ausmachen, zugeschriebene Vorstellung.

Unsere Identifikation mit dem Ich ist grundsätzlich dysfunktional, ein Störfaktor, da sie zur Wirklichkeit in Widerspruch steht. Wir schreiben diesem Ich Eigenschaften wie Dauerhaftigkeit, Einzigartigkeit und Autonomie zu, wohingegen die Wirklichkeit genau durch das Gegenteil gekennzeichnet ist: durch unaufhörliche Veränderung, durch Vielheit und Vielfalt und durch wechselseitige Abhängigkeit sämtlicher Phänomene. Das Ich fragmentiert, zerstückelt die Welt und nimmt ein für alle Mal die eherne Unterscheidung zwischen »ich« und »andere«, »mein« und »nicht mein« vor. Da das Ich jedoch auf einem Missverständnis beruht, ist es durch die Wirklichkeit ständig bedroht, was ein Gefühl tief greifender Verunsicherung hervorruft. Wir sind uns der Verletzlichkeit des Ich bewusst und versuchen deshalb mit allen Mitteln, es zu schützen und zu stärken. Wir empfinden gegen alles Abneigung, was es bedroht, und fühlen uns angezogen von dem, was es stützt und nährt. Aus diesen Impulsen von Anziehung und Abneigung ergeben sich unzählige konfliktträchtige Emotionen.

Vielleicht meinen wir, indem wir einen Großteil unserer Zeit damit verbringen, das Ich zu stärken und zufriedenzustellen, hätten wir die beste Strategie gefunden, um glücklich zu werden. Dieses Ansinnen ist jedoch von vornherein zum Scheitern verurteilt, denn genau das Gegenteil wird geschehen. Indem wir wähnen, über ein autonomes Ich zu verfügen, befinden wir uns im Widerspruch zur Natur der Dinge, was sich daran erweist, dass unsere frustrierenden und leidvollen Erfahrungen gar kein Ende nehmen wollen. All unsere Energie dieser bloß in unserer Vorstellung existierenden Entität zu widmen, hat verheerende Auswirkungen auf die Qualität unseres Lebens.

Das Ich kann uns lediglich zu einem erkünstelten Selbstvertrauen verhelfen, das auf tönernen Füßen steht: Es beruht auf solch unsicheren Attributen wie Macht, Erfolg, Schönheit und körperlicher Kraft, intellektueller Brillanz und der Meinung unserer Mitmenschen sowie auf alldem, was unser Selbstbild ausmacht. Wahres Selbstvertrauen ist freilich etwas ganz anderes – paradoxerweise eine natürliche Eigenschaft der Ichlosigkeit. Die Ich-Illusion zu zerstören, bedeutet tatsächlich, sich einer fundamentalen Schwäche zu entledigen. Das nicht auf dem Ego beruhende Selbstvertrauen geht mit einem Gefühl der Freiheit einher, das keinerlei emotionaler Schwankung mehr unterliegt. Zugleich sind wir so gefestigt, dass das Urteil der anderen uns nicht anficht, und innerlich bereit, uns auf die jeweiligen Umstände einzulassen. Diese Freiheit findet ihren Ausdruck in einem Gefühl der Offenheit für das, was sich im gegebenen Moment vor uns abspielt: und zwar keineswegs im Sinne von kühler Distanziertheit, spröder Unnahbarkeit oder Gleichgültigkeit – auf solche Gedanken könnte man durchaus kommen, wenn man vom Loslassen und von der Unparteilichkeit im Buddhismus hört –, vielmehr als Bereitschaft, sich wohlwollend und beherzt für alle Wesen einzusetzen.

Kann das Ich sich nicht im Glanz seiner Erfolge und Errungenschaften sonnen, so zehrt es von seinen Fehlschlägen, indem es sich in die Rolle des Opfers begibt. Ebenso wie der euphorische Überschwang vermag ihm sein Leid, durch unablässiges Grübeln aufrechterhalten, die eigene Existenz zu bestätigen. Wenn es sich besonders geehrt, aber auch wenn es sich herabgewürdigt, sich angegriffen oder ignoriert fühlt, stets wird das Ich sich dadurch behaupten, dass es ausschließlich sich selbst Aufmerksamkeit schenkt.

»Das Ich ist das Ergebnis einer gedanklichen Aktivität, die in unserem Geist eine imaginäre Entität erschafft und ›am Leben erhält‹.«[38] Es gleicht einem Gaukler, der in den Bann der eigenen Illusionen gerät. Die Irreführung durch das Ich zu entlarven, gehört zu den Aufgaben der Einsichtsmeditation, *Vipashyana*.

In Wahrheit sind wir nicht dieses Ich, diese Wut oder diese Verzweiflung. Die all unserer Erfahrung zugrunde liegende Geistesebene ist diejenige des reinen Gewahrseins – jene ursprüngliche Eigenschaft des Bewusstseins, die bereits angesprochen wurde. Sie bildet die Basis jeder Erfahrung, jeder Emotion, jedes Urteils, Begriffs oder Gedankengebildes, *das Ich inbegriffen*. Aber Vorsicht: Dieses reine Gewahrsein, diese »erwachte Präsenz«, ist keine neue Entität, nur noch subtiler als das Ich, sondern eine grundlegende Eigenschaft unseres Bewusstseinsstroms.

Das Ich ist nichts weiter als ein Geistesgebilde, lediglich dauerhafter als die anderen, da unsere Gedankenverkettungen es unablässig untermauern. Dennoch verfügt es über keinerlei Eigenexistenz. Dieses Etikett hält in unserem Bewusstseinsstrom nur dank jenes magischen Klebstoffs so hartnäckig – der geistigen Verwirrung.

Um die Irreführung durch das Ich aufzudecken, müssen wir die Untersuchung konsequent zum Abschluss bringen. Wer meint, einen Dieb im Haus zu haben, sollte jedes Zimmer, jede Ecke und jedes mögliche Versteck durchstöbern, um sicherzugehen, dass wirklich niemand da ist. Erst dann kann der Geist zur Ruhe kommen.

Meditation

Wir untersuchen nun alle Faktoren, die vermeintlich die Identität des »Ich« ausmachen. Unser Körper? Eine Ansammlung von Knochen und Fleisch. Unser Bewusstsein? Eine Abfolge flüchtiger Gedanken. Unsere Geschichte? Die Erinnerung an etwas, das längst der Vergangenheit angehört. Unser Name? Wir schreiben ihm alle möglichen Vorstellungen zu – Abstammung, Reputation, sozialen Status –, letztlich ist er jedoch nichts weiter als ein aus Buchstaben beziehungsweise Lauten sich zusammensetzendes Gebilde.

Würde das Ich tatsächlich unsere innerste Essenz ausmachen, wäre unsere Besorgnis angesichts der Vorstellung, sich seiner zu entledigen, verständlich. Wenn es sich hingegen lediglich um eine Illusion handelt, entfernen wir, indem wir uns von ihm befreien, keineswegs unseren innersten Wesenskern, sondern wir beheben bloß einen Irrtum, öffnen die Augen und stellen uns der Wirklichkeit. Der Irrtum vermag dem Wissen keinerlei Widerstand entgegenzusetzen, ganz so wie die Dunkelheit dem Licht nicht standhalten kann. Selbst Millionen Jahre der Dunkelheit verschwinden genau in dem Augenblick, in dem eine Lampe brennt.

Wird das Ich nicht länger als Zentrum der Welt angesehen, stellt sich auf ganz natürliche Weise das Gefühl ein, vom Geschick unserer Mitmenschen betroffen zu sein. Die um uns selbst kreisende Betrachtung eigenen Leids entmutigt uns, während selbstlose Sorge um das Wohlergehen der anderen unsere Entschlossenheit, ihnen zu helfen, um ein Vielfaches verstärkt.

Das tief in uns verwurzelte Gefühl, ein »Ich« bilde den innersten Kern unseres Daseins, sollten wir daher rückhaltlos untersuchen.

Wo hält dieses »Ich« sich auf? Ausschließlich im Körper kann es nicht sein, denn wenn ich sage: »Ich bin traurig«, erlebt mein Bewusstsein einen Eindruck von Trauer, nicht mein Körper. Befindet es sich also einzig und allein in meinem Bewusstsein? Die Sachlage ist alles andere als eindeutig. Wenn ich sage: »Jemand hat mich *gedrängt*«, wurde dann mein Bewusstsein gedrängt? Sicherlich nicht. Jenseits von Körper und Geist ist das Ich nicht zu finden. Und als autonome, von beiden getrennte Entität könnte das Ich nicht beider Essenz sein. Ist die Vorstellung eines Ich also einfach nur mit dem Geist-Körper-Komplex verbunden? Hier gelangen wir zu einem noch abstrakteren Begriff. Der einzige Ausweg aus diesem Dilemma: Wir können das Ich als eine *gedankliche Zuschreibung* betrachten – gekoppelt an einen dynamischen Prozess, an verschiedene, unsere Empfindungen, Gedankenbilder, Emotionen und Vorstellungen umfassende Beziehungen, die sich unablässig verändern. Letztlich ist das Ich nur ein Name, mit dem man ein Kontinuum bezeichnet. Ähnlich wie ein Fluss »Amazonas« genannt wird und ein anderer »Ganges«. Jeder Fluss hat eine Geschichte, sein Wasser fließt durch eine einzigartige Landschaft, und es kann heilende Eigenschaften aufweisen oder sehr verschmutzt sein. Daher ist es durchaus legitim, ihm einen Namen zu geben und ihn dergestalt von anderen Flüssen zu unterscheiden. Dennoch gibt es im Fluss keine wie auch immer geartete, das »Herz« oder das Wesen des Flusses ausmachende Entität. Ebenso existiert das »Ich« als Konvention, aber nicht als eine mit unserem innersten Wesenskern gleichzusetzende Entität.

Das Ich hat immer etwas zu verlieren oder zu gewinnen. Anders die natürliche Einfachheit des Geistes, sie kann nichts verlieren oder gewinnen, und es besteht auch nicht die geringste Notwendigkeit, etwas von ihr wegzunehmen oder es ihr hinzuzufügen. Das Ich zehrt vom Nachdenken über die Vergangenheit und von der gedanklichen Vorwegnahme der Zukunft, aber in der Einfachheit des gegenwärtigen Augenblicks kann es nicht überleben. Wir verweilen einen Moment in dieser Schlichtheit, in der vollen Bewusstheit des Jetzt. Diese ist gleichbedeutend mit Freiheit, mit letztgültiger Befriedung und Schlichtung jedes Konflikts, mit der Aufhebung jedweder Künstlichkeit, aller geistigen Projektion, Verzerrung, Identifikation und Unterteilung.

Es lohnt sich, ein wenig Zeit aufzuwenden, in der wir den Geist in innerer Ruhe verweilen lassen, sodass er mittels Analyse und durch unmittelbare Erfahrung besser verstehen kann, welchen Platz das Ich in unserem Leben einnimmt. Solange unser Leben von dem selbstgefälligen Gefühl beherrscht wird, wir seien von besonderer Bedeutung, werden wir niemals dauerhaften Frieden finden. Tief in uns wird die eigentliche Ursache für all die leidvollen Erfahrungen dann weiterhin unangetastet bleiben und uns die wichtigste Freiheit nehmen.

Eine Abkehr von dieser Fixierung auf das Ich und die Loslösung aus der Identifikation mit ihm verschaffen uns enorme innere Freiheit – Freiheit, die es uns gestattet, jede Begegnung mit anderen, überhaupt jede Situation authentisch, wohlwollend, beherzt und gelassen anzugehen. Da wir nichts zu gewinnen oder zu verlieren haben, sind wir frei, alles zu geben und alles zu bekommen.

Meditation über die Natur des Geistes

Was kann der Geist, wenn er sich selbst untersucht, über die eigene Natur in Erfahrung bringen? Als Erstes wird er die in großer Zahl aufeinanderfolgenden Gedanken bemerken, die uns, ob wir wollen oder nicht, durch den Kopf gehen und unseren Empfindungen, unserer Fantasie, unseren Erinnerungen und Zukunftsprojektionen Nahrung liefern. Aber zeigt sich da nicht zugleich eine »lichte«, eine »strahlende« Qualität des Geistes, die unsere Erfahrung, welcher Art sie auch sein mag, erhellt? Dies ist das allem, jedem Gedanken, zugrunde liegende Erkenntnisvermögen: der Teil, der in der Wut die Wut sieht, ohne selbst Wut zu sein oder sich in diese verstricken zu lassen. Diese einfache erwachte Präsenz, die auch in Abwesenheit von Begriffen, Vorstellungen und sonstigen Gedankengebilden wahrnehmbar bleibt, kann »reines Gewahrsein« genannt werden.

Wenn unsere Gedanken zur Ruhe kommen, so zeigt sich in der Meditationspraxis, können wir einige Momente in der unbegrifflichen Erfahrung dieses reinen Gewahrseins verweilen. Diesen allem zugrunde liegenden, von den Schleiern der Verwirrung freien Aspekt des Bewusstseins bezeichnet man im Buddhismus als »Natur des Geistes«.

Sicher, das ist kein Begriff, den man so ohne Weiteres versteht. Zahlreiche Psychologen und Fachleute aus den Bereichen Neurowissenschaften und Philosophie stellen zur Natur des Bewusstseins Überlegungen an beziehungsweise führen in Zusammenhang mit dieser Thematik Untersuchungen durch. Wie aber kann sich ein solches Verständnis auf unsere persönliche Erfahrung auswirken? Von morgens bis abends haben wir mit diesem Geist zu tun, und letztlich ist er maßgebend für die Qualität, die jeder einzelne Augenblick unseres Daseins hat. Indem wir seine wahre Natur besser kennenlernen und verstehen, wie er funktioniert, nehmen wir entscheidend Einfluss auf unsere Lebensqualität. Vor diesem Hintergrund begreifen wir, wie wichtig es ist, sich diesbezüglich Fragen zu stellen. Denn wer den eigenen Geist nicht versteht, bleibt sich selbst fremd.

Gedanken tauchen aus dem reinen Gewahrsein auf und verschwinden wieder darin, so wie die Wellen sich aus dem Ozean erheben und wieder in ihm aufgehen, ohne jemals etwas anderes gewesen zu sein als der Ozean selbst. Sich darüber klar zu werden ist unerlässlich, wenn man sich von den durch Gewohnheit geprägten Gedankenmustern, die Leid nach sich ziehen, frei machen will. Sich der allem zugrunde liegenden Natur des Bewusstseins vergewissern und in ihr verweilen zu können – in einem nichtdualen, unbegrifflichen, von Vorstellungen freien Zustand – ist eine wesentliche Bedingung für inneren Frieden und die Befreiung von Leid.

Meditation

Ein Gedanke, der angenehm oder störend sein kann, taucht auf, als käme er nirgendwoher. Er verweilt ein wenig und verschwindet wieder, um sogleich von anderen Gedanken abgelöst zu werden.

Wenn er vergeht wie der Klang einer Glocke, wohin ist er dann gegangen? Das vermögen wir nicht zu sagen. Bestimmte Gedanken tauchen häufiger auf und rufen Geisteszustände hervor, die von Freude zu Traurigkeit reichen können, von Verlangen zu Gleichgültigkeit, von Feindseligkeit oder Groll zu Sympathie. Daher verfügen die Gedanken über ungeheure Macht: Sie sind ausschlaggebend dafür, wie wir leben. Woher nehmen sie nur diese Macht? Sie befehligen keine Armee, haben kein Feuerungsmaterial, mit dem sie uns einheizen könnten, keine Steine, um uns zu steinigen. Da sie nichts weiter sind als Gebilde, die der eigene Geist hervorbringt, dürften sie uns eigentlich gar nicht schaden können.

Wir lassen den Geist nun sich selbst beobachten. Gedanken tauchen auf. Auf die eine oder andere Weise existiert unser Geist, da wir ihn ja erfahren. Was aber lässt sich ansonsten noch über ihn aussagen? Wir untersuchen den Geist und die in ihm auftauchenden Gedanken. Kann man ihnen konkrete Eigenschaften zuschreiben? Gibt es einen Ort, an dem sie sich aufhalten? Nein. Haben sie eine bestimmte Farbe oder Form? Je mehr wir suchen, umso weniger finden wir. Wir können nur feststellen, dass der Geist über Erkenntnisvermögen verfügt, ihm jedoch, davon einmal abgesehen, keine realen Merkmale zu eigen sind. In diesem Sinn wird der Geist in den buddhistischen Lehren als ein Erfahrungskontinuum definiert: Er ist keine eigenständige Entität, sondern »leer«, mit anderen Worten »ohne Eigenexistenz«. Nachdem wir also nichts gefunden haben, was ihm Substanzialität verleihen könnte, verweilen wir einige Augenblicke in diesem »Ungefundenen«.

Wenn ein Gedanke auftaucht, lassen wir ihn kommen und von alleine wieder gehen, ohne ihn zu behindern oder aufzuhalten. Die kurze Spanne, in der unser Geist nicht mit diskursiven Gedanken befrachtet ist, nutzen wir zu einer kontemplativen Betrachtung seiner Natur. Können wir in dem Intervall, in dem die vergangenen Gedanken nicht mehr vorhanden und die zukünftigen Gedanken noch nicht aufgetaucht sind, nicht eines reinen, lichten und strahlenden Gewahrseins innewerden? Frei von Vorstellungen ruhen wir eine Weile in diesem Zustand natürlicher Einfachheit.

Je mehr und je weiter gehend wir uns mit der Natur des Geistes vertraut machen und lernen, die Gedanken im Moment ihres Auftauchens – ähnlich einem Brief, der mit dem Finger auf die Wasseroberfläche eines Sees geschrieben wurde – sich wieder auflösen zu lassen, umso leichter machen wir auf dem Weg zu innerer Freiheit weitere Fortschritte. Gedanklichen Prägungen wohnt dann nicht mehr die Macht inne, unsere Verwirrung aufrechtzuerhalten und unsere gewohnheitsmäßigen Tendenzen zu verstärken. Wir verzerren die Wirklichkeit immer weniger, und all jene Abläufe, die Leid bewirken, werden schließlich außer Kraft gesetzt.

Da wir nun innere Ressourcen für den Umgang mit den Emotionen erschlossen haben, wird das Gefühl von Unsicherheit weichen und der Erfahrung von Freiheit und Vertrauen Raum geben. Wir sind nicht länger nur mit den eigenen Hoffnungen und Befürchtungen befasst und können nun für die Menschen ringsum da sein. Mit dem eigenen Wohlergehen tragen wir so zugleich dazu bei, dass das Wohl der anderen verwirklicht werden kann.

Zur Inspiration

»Im Geist auftauchende Erinnerungen an Vergangenes – diese Dinge sind endgültig vorüber. Und die Zukunft betreffende Gedanken haben noch keinerlei Realität angenommen. Der in der Gegenwart verweilende Geist bleibt, da er weder Form noch Farbe hat, ungreifbar, substanzlos wie der Raum, schemenhaft unbestimmt. So wird ersichtlich, dass der Geist bar jeder konkreten Existenz ist.«

Atisha Dipamkara

»Wenn ein leuchtender Regenbogen am Himmel erscheint, könnt ihr zwar seine wunderschönen Farben bewundern, ihn jedoch nicht nehmen und wie ein Kleidungsstück tragen. Der Regenbogen entsteht aus der Verbindung verschiedener Faktoren, doch nichts an ihm lässt sich greifen. Das Gleiche gilt für die Gedanken. Sie manifestieren sich im Geist, doch haben sie weder greifbare Realität, noch ist ihnen Festigkeit zu eigen. Kein logischer Grund rechtfertigt also, dass die Gedanken – substanzlos, wie sie sind – eine derartige Macht auf euch ausüben. Es gibt für euch keinen Grund, ihr Sklave zu sein.

Die endlose Abfolge von vergangenen, gegenwärtigen und zukünftigen Gedanken veranlasst uns zu der Annahme, etwas sei da auf eine ihm selbst zukommende und dauerhafte Weise existent. Dieses bezeichnen wir als den Geist. Tatsächlich sind die vergangenen Gedanken jedoch so leblos wie Leichen, und die zukünftigen sind noch nicht zustande gekommen. Wie könnten diese beiden Kategorien von Gedanken, die nicht existieren, eine existierende Entität bilden? Wie könnte sich der gegenwärtige Gedanke auf zwei nicht existente Dinge stützen?

Dennoch handelt es sich bei der Leerheit der Gedanken nicht einfach nur um jene Leere, von der man in Bezug auf den Raum sprechen könnte. Vielmehr ist hier ein spontanes Bewusstsein gegenwärtig, eine Klarheit, vergleichbar mit derjenigen der Sonne, deren Strahlen die Landschaft in helles Tageslicht tauchen und es uns ermöglichen, die Berge, die Wege und die Abgründe zu sehen.

Der Geist ist zwar mit dieser ihm innewohnenden Bewusstheit ausgestattet. Wenn wir indes sagen, da sei ein Geist vorhanden, bedeutet dies nichtsdestoweniger, dass wir das Etikett ›Wirklichkeit‹ auf etwas heften, dem keine Wirklichkeit zukommt: Als würde man die Existenz von etwas geltend machen, bei dem es sich tatsächlich bloß um einen Namen handelt, der einer Abfolge von Begebenheiten beigelegt wurde. Ein aus aneinandergereihten Perlen gefertigtes Objekt kann man als ›Kette‹ bezeichnen, aber diese ›Kette‹ ist keine Entität, der eine Eigenexistenz innewohnt. Wenn der Faden reißt, wo ist dann die Kette?«[39]

Khyentse Rinpoche

»Nach und nach begann ich die unsichere und flüchtige Natur jener Gedanken und Emotionen zu erkennen, die mich jahrelang derart aufgewühlt hatten. Ich begriff auch, wie sehr ich den Blick auf kleine Sorgen verengt und sie dadurch in enorme Probleme verwandelt hatte. Aufgrund der schlichten Tatsache, dass ich einfach dasaß und beobachtete, in welcher Geschwindigkeit und mit welcher – was die meisten Aspekte anbelangt – Unlogik meine Gedanken und Gefühle kamen und gingen, begann ich unmittelbar wahrzunehmen, dass sie keineswegs so fest gefügt und real waren, wie es den Anschein hatte. Als ich mich dann davon zu lösen begann, den Geschichten, die sie zu erzählen schienen, Glauben zu schenken, bemerkte ich allmählich den ›Autor‹, der sich dahinter verbarg: das unendlich weite, unendlich offene Bewusstsein, welches gleichbedeutend ist mit der Natur des Geistes.

Jeder Versuch, die unmittelbare Erfahrung der Natur des Geistes in Worte zu fassen, ist zum Scheitern verurteilt. Lediglich so viel lässt sich darüber sagen: Bei dieser handelt es sich um eine unendlich friedvolle und, wenn sie durch regelmäßige Übung stabilisiert wurde, praktisch unerschütterliche Erfahrung; um eine Erfahrung absoluten Wohlbefindens, die alle geistigen und physischen Zustände erfasst und durchdringt, selbst jene, die man gemeinhin als unangenehm betrachtet. Dieses von allen durch innere oder äußere Empfindungen hervorgerufenen Schwankungen unabhängige Gefühl des Wohlseins macht besonders deutlich, was der Buddhismus unter ›Glück‹ versteht.«
Yongey Mingyur Rinpoche

»Die Natur des Geistes lässt sich mit dem Ozean oder dem Himmel vergleichen. Die nicht endende Bewegung der Wellen an der Meeresoberfläche verwehrt uns den Blick in die Tiefe. Wenn wir in ihn eintauchen, sind keine Wellen mehr vorhanden, nur noch die ungeheure Gelassenheit des Grundes. [...] Die Natur des Ozeans unterliegt keinem Wandel.

Schauen wir uns den Himmel an. Manchmal ist er klar, von keinem Wölkchen getrübt. Dann wieder türmen sich Wolken auf, und schon nehmen wir ihn anders wahr. Dennoch verändern die Wolken nicht die Natur des Himmels. [...] Der Geist ist nichts, es sei denn eben diese vollkommen freie Natur. [...] Verweilen wir in der natürlichen Einfachheit des Geistes jenseits aller Vorstellung.«

Pema Wangyal Rinpoche

Die Früchte unserer Bemühungen allen Wesen widmen

Bevor wir uns am Ende einer Meditationssitzung wieder den gewohnten Aktivitäten zuwenden, ist es wichtig, zwischen unserer Praxis und dem täglichen Leben eine Brücke zu bauen, damit die Früchte der Praxis Bestand haben und unsere innere Wandlung weiter unterstützen.

Wenn wir unsere Meditation unvermittelt abbrechen und gleich wieder unseren Aktivitäten nachgehen, als sei nichts gewesen, wird die Meditationspraxis wenig Auswirkung auf unser Leben haben, und ihr Nutzen wird so wenig von Dauer sein wie Schneeflocken, die auf einen heißen Stein gefallen sind.

Wir haben jedoch eine Möglichkeit, den dauerhaften Nutzen der Meditation sicherzustellen, indem wir diesen durch einen starken Wunsch allen Wesen widmen. Dessen positive Energie wird so lange fortbestehen, bis er verwirklicht ist: wie eine Schneeflocke, die ins Meer fällt und, indem sie sich dort auflöst, ebenso lange fortdauert wie das Meer selbst.

Dafür formulieren wir einen Wunsch wie zum Beispiel den folgenden: »Möge die positive Energie, die durch diese Meditation und durch all meine anderen wohlwollenden Handlungen, Worte und Gedanken der Vergangenheit, der Gegenwart und der Zukunft entstanden ist, dazu beitragen, dass das Leid der empfindenden Wesen über kurz oder lang gelindert wird.« Wir wünschen von ganzem Herzen, durch die Kraft unserer Praxis möge es weniger Kriege, Hungersnöte, Ungerechtigkeiten und durch Armut beziehungsweise durch körperliche oder geistige Krankheiten verursachtes Leid geben.

Darüber hinaus wünschen wir uns, die Widmung dieses Verdienstes möge nicht so sein, als würde man einen einzigen Kuchen unter tausend Menschen verteilen, sodass jeder nur einige wenige Krümel erhalten würde. Vielmehr sollte jede/r Einzelne den ganzen Kuchen erhalten.

Ferner wünschen wir uns, dass alle empfindenden Wesen ihr Glück finden mögen – zeitlich befristetes wie auch letztendliches Glück. »Mögen in ihrem Geist Unwissenheit, Hass, Gier und alle anderen Störungen von Grund auf beseitigt werden. Mögen sie die Fülle der menschlichen Qualitäten und höchste Erleuchtung verwirklichen.«

Eine spirituelle Praxis mit solch einer Widmung zu besiegeln ist unerlässlich. Erst sie ermöglicht, dass die konstruktive Energie, die durch Meditation und positive Handlungen hervorgebracht wurde, Bestand hat.

Meditation und Alltag

Meditation ist ein Prozess der Schulung und inneren Wandlung. Ihrem eigentlichen Sinn wird sie allerdings nur dann gerecht, wenn sie sich in jedem Aspekt unseres Seins, in unseren Handlungen und der gesamten Lebenseinstellung, widerspiegelt. Ansonsten wäre sie bloße Zeitverschwendung. Deshalb sollten wir, während wir weiterhin mit Aufrichtigkeit, Achtsamkeit und Entschlossenheit praktizieren, von Zeit zu Zeit überprüfen, ob bei uns tatsächlich ein Wandlungsprozess in Gang gekommen ist. Manche Menschen sagen von Anfang an, all ihre Lebensaktivitäten seien Meditation. Jedenfalls besteht darin das Ziel der Geistesschulung: Sie soll uns dazu befähigen, in all unseren Aktivitäten eine bestimmte Seinsqualität, eine bestimmte Art und Weise zu *sein*, zu wahren. Auf Anhieb zu behaupten, das Leben sei eine Meditation, scheint da etwas voreilig zu sein. Denn im Strudel des Alltags bietet sich uns vielfach gar nicht die Gelegenheit, die für diese Praxis notwendige Kraft und Stabilität zu erlangen.

Deshalb ist es wichtig, der formellen Meditation etwas Zeit zu widmen, und seien es nur dreißig Minuten am Tag; nach Möglichkeit aber auch mehr. Wenn wir morgens gleich nach dem Aufstehen meditieren, wird die Meditation dem Tag ein anderes Flair geben. Ihre Auswirkungen werden sich in einer unaufdringlichen, nichtsdestoweniger tief greifenden Weise in unserer Einstellung und der Art bemerkbar machen, wie wir unsere Aktivitäten durchführen und mit den Menschen umgehen, mit denen wir zu tun haben. Im weiteren Tagesverlauf können wir uns dann, innerlich gestärkt durch die gewonnenen Erkenntnisse, auf die im Geist noch lebendige Erfahrung der formellen Meditation beziehen. Sobald wir einige Augenblicke Zeit haben, wird es nun einfacher für uns sein, eine vertraut gewordene Seinsqualität in uns wachzurufen, uns in sie zu vertiefen und sie ihre heilsame Wirkung kontinuierlich verrichten zu lassen. Eine solche Praxis ist mit dem aktiven Berufsleben und dem Familienleben vollauf vereinbar.

Die Wirkungen der Meditation versetzen uns in die Lage, die Geschehnisse unseres Lebens in einer umfassenderen Perspektive zu betrachten und sie mit größerer Gelassenheit zu erleben, ohne jedoch in Gleichgültigkeit zu verfallen. Was auch immer uns begegnen mag – wir können es akzeptieren, ohne dabei zu resignieren, und eine Zukunft aufbauen, deren Grundlage eine selbstlose Motivation und Zuversicht sind. So können wir dank der Geistesschulung nach und nach unser von gewohnheitsmäßigen Mustern geprägtes Dasein verändern. Wir profitieren von einem besseren Verständnis der Wirklichkeit, und sollte es in unserem Leben zu einschneidenden Veränderungen kommen, werden diese uns daher weniger erschüttern, während wir oberflächliche Erfolge weniger selbstgefällig betrachten. Dies alles sind Zeichen einer echten persönlichen Wandlung, durch die wir in der Welt, in der wir leben, wirkungsvoller handeln und zum Aufbau einer Gesellschaft beitragen können, in der Weisheit und Altruismus eine gewichtigere Rolle spielen.

Dank

Mein besonderer Dank gilt all denjenigen, die das Erscheinen dieses Buches möglich gemacht haben.

Eigentlich unnötig zu sagen, dass ich seinen gesamten Inhalt dem Wohlwollen und der Weisheit meiner spirituellen Meister verdanke, allen voran Kyabdje Kangyur Rinpoche, Dilgo Khyentse Rinpoche, Trülshik Rinpoche, Pema Wangyal Rinpoche und Jigme Khyentse Rinpoche, wie auch seiner Heiligkeit dem Dalai Lama, dem – nach Aussage der gerade genannten großen Lehrer – in unserer Zeit am höchsten verwirklichten Meister in der Überlieferung des tibetischen Buddhismus.

Mein Dank gilt allen, die mich ermutigt haben, diese Meditationsanweisungen zusammenzutragen, weil sie unbedingt lernen wollten, wie man meditiert. Ohne sie wäre mir die Idee für dieses kleine Buch gar nicht gekommen.

Ich danke meiner Freundin und treuen Herausgeberin Nicole Lattès, die mich, ungeachtet meiner mangelnden Begabung für das Schreiben, immer wieder ermuntert, meine Bemühungen fortzusetzen.

Ebenso bin ich all denjenigen Freunden zutiefst dankbar, die so gütig und geduldig waren, diesen Text zu lesen und ihn durch ihre klugen Vorschläge in Form und Inhalt erheblich zu verbessern: Christian Bruyat, Carisse und Gérard Busquet, meine geliebte Mutter Yahne Le Toumelin, Raphaële Demandre, Gérard Godet, Christophe André und Michel Bitbol.

Mein Dank gilt auch den Freunden im Verlagshaus NiL et Laffont: Françoise Delivet, die für das endgültige Layout des Textes gesorgt und mir bei der Klärung zahlreicher Punkte geholfen hat; Christine Morin und Catherine Bourgey, die mich immer unterstützt und mir mit Freundlichkeit und Kompetenz zur Seite gestanden haben; sowie Joël Renaudat, der den schönen Schutzumschlag für das französische Original entworfen hat.

Bibliografie

Bhante Henepola Gunaratna, *Méditer au quotidien, une pratique simple du Buddhisme*, Marabout, Paris 2007.

Bokar Rinpoche, *La méditation, Conseils aux débutants*, übers. v. Tcheuky Sengué, Editions Claire Lumière, Saint-Canat 1999.

Dalai Lama, *Der Friede beginnt in dir*, übers. v. Padmakara, O. W. Barth, Bern/München/Wien 1994.

Dilgo Khyentse Rinpoche, *Das Herzjuwel der Erleuchteten*, übers. v. Sabine von Minden u. Corinna Chung, Theseus, Berlin ³2002.

Dilgo Khyentse Rinpoche, *Die sieben tibetischen Geistesübungen – Das Herzstück buddhistischer Praxis*, übers. v. Sabine von Minden, O. W. Barth, Bern/München/Wien 2001.

Dilgo Khyentse Rinpoche, *Erleuchtete Weisheit: Die Einhundert Ratschläge des Padampa Sangye*, übers. v. Sabine von Minden, Theseus, Berlin 2003.

Dudjom Rinpoche, *Die Klausur auf dem Berge – Dzogchen-Lehren und Kommentare*, übers. v. Claudia Wellnitz, Theseus, Berlin 1994.

Dzigar Kongtrül, *Dein Leben liegt in deiner Hand – Die Praxis der Selbst-Erkenntnis auf dem buddhistischen Weg*, übers. v. Michaela Haas, Arbor, Freiamt 2006.

Khenpo Kunzang Palden, *Perles d'ambroisie*, Editions Padmakara, 3 Bände, Saint-Léon-sur-Vézère 2008.

Patrul Rinpoche, *Die Worte meines vollendeten Lehrers*, übers. v. Padmakara, Arbor, Freiamt ²2001.

Ricard, Matthieu, *Glück*, übers. v. Christine Bendner, nymphenburger, München 2007.

Ricard, Matthieu, und Jean-François Revel, *Der Mönch und der Philosoph*, übers. v. Christoph Vormweg, Kiepenheuer und Witsch, Köln 2003.

Ringu Tulku Rinpotché, *Et si vous m'expliquiez le bouddhisme?*, NiL Éditions, Paris 2001.

Sogyal Rinpoche, *Das tibetische Buch vom Leben und vom Sterben – Ein Schlüssel zum tieferen Verständnis von Leben und Tod*, O. W. Barth, Bern/München/Wien ²³2000.

Shantideva, *L'Entrée dans la pratique des bodhisattvas*, Éditions Padmakara, Saint-Léon-sur-Vézère 2007.

Dt.: Shantideva, *Anleitungen auf dem Weg zur Glückseligkeit – Bodhicaryavatara*, hrsg. u. übers. v. Diego Hangartner, O. W. Barth, Bern/München/Wien 2005.

Shantideva, *Die Lebensführung im Geiste der Erleuchtung – das Bodhisattvacharyavatara*, übers. v. Jobst Koss, Theseus, Berlin 2004.

Tulku Pema Wangyal, *Bodhicitta – L'esprit d'Éveil*, Éditions Padmakara, Saint-Léon-sur-Vézère 2007.

Tulku Pema Wangyal, *Diamants de sagesse*, Éditions Padmakara, Saint-Léon-sur-Vézère 1997.

Thich Nhat Hanh, *Liebe heißt, mit wachem Herzen leben – Der Weg zu sich selbst und zu anderen*, übers. v. Thomas Schmidt, Herder, Freiburg 2006.

Yongey Mingyur Rinpoche, *Buddha und die Wissenschaft vom Glück*, Goldmann Arkana, München 2007.

Wallace, B. Alan, *Die Achtsamkeits-Revolution*, übers. v. Susanne Kahn-Ackermann, O. W. Barth, Frankfurt/M. 2008.

Wallace, B. Alan, *Science et bouddhisme – A chacun sa réalité,* Calmann-Lévy, Paris 1998.

Anmerkungen

I. Warum meditieren wir?

1 Rolland, R., *Jean-Christophe*, Albin Michel, Paris 1952, Band VIII.
Dt.: *Johann Christofs Jugend, Johann Christof in Paris, Johann Christof am Ziel*, DTV München ²1977.

2 *Über die negativen Auswirkungen von Stress*, siehe: Sephton, S. E., Sapolsky, R., Kraemer, H. C., und Spiegel, D., »Diurnal Cortisol Rhythm as a Predictor of Breast Cancer Survival«, *Journal of the National Cancer Institute* 92 (12), 2000, S. 994-1000.
Über den Einfluss von Meditation, siehe: Carlson, L. E., Speca, M., Patel, K. D., Goodey, E., »Mindfulness-Based Stress Reduction in Relation to Quality of Life, Mood, Symptoms of Stress and Levels of Cortisol, Dehydroepiandrosterone-Sulftate (DHEAS) and Melatonin in Breast and Prostate Cancer Outpatients«, *Pychoneuroendocrinology*, Band 29, Ausgabe 4, 2004; Speca, M., Carlson, L. E., Goodey, E., Angen, M., »A Randomized, Waitlist Controlled Clinical Trial: the Effect of a Mindfulness Meditation-based Stress Reduction Program on Mood and Symptoms of Stress in Cancer Outpatients«, *Psychosomatic Medicine*, 62 (5), Sept.–Okt. 2000, S. 613–622; Orsillo, S. M., und Roemer, L., *Acceptance- and Mindfulness-based Approaches to Anxiety*, Springer, Berlin 2005.

3 Teasdale, J. D. *et al.*, »Metacognitive awareness and prevention of relapse in depression: empirical evidence«, *J .Consult. Clin. Psychol.*, 70, 2002, S. 275–287; Grossmann, P., Niemann, L., Schmidt, S., und Walach, H., »Mindfulness-based stress reduction and health benefits. A meta-analysis«, *Journal of Psychosomatic Research*, 57 (1), 2004, S. 35–43; Sephton, S. E., Salmon, P., Weissbecker, I., Ulmer, C., Hoover, K., und Studts, J., »Mindfulness Meditation Alleviates Depressive Symptoms in Woman with Fibromyalgia: Results of a Randomized Clinical Trial«, *Arthiritis Care & Research*, 57 (1), 2004, S. 77–85; M. A. Kenny, J. M. G. Williams, »Treatment-resistant depressed patients show a good response to Mindfulness-based Cognitive Therapy«, *Behaviour Research and Therapy*, Band 45, Ausgabe 3, 2007, S. 617–625.

4 MBSR, »Mindfulness Based Stress Reduction« ist eine weltliche Meditationsübung in voller Bewusstheit. Ihre Grundlage ist eine buddhistische Meditation, die Jon Kabat-Zinn vor über zwanzig Jahren im Krankenhaussystem der Vereinigten Staaten entwickelt hat. Inzwischen wird sie erfolgreich in mehr als zweihundert Krankenhäusern angewendet, um postoperative Schmerzen sowie Schmerzen infolge von Krebs und anderen schweren Krankheiten zu verringern. Siehe Kabat-Zinn, J. *et al.*, »The Clinical Use of Mindfulness Meditation for the Self-Regulation of Chronic Pain«, *Journal of Behavioural Medicine*, 8, 1985, S. 163–190.

5 Davidson, R. J., Kabat-Zinn, J., Schumacher, J., Rosenkranz, M., Muller, D., Santorelli, S. F., Urbanowski, F., Harrington, A., Bonus, K., und Sheridan, J. F., »Alterations in brain and immune function produced by mindfulness meditation«,

Psychosomatic Medicine, 65, 2003, S. 564–570. *Zu den Langzeitauswirkungen von Meditation* siehe: Lutz, A., Greischar, L. L., Rawlings, N. B., Ricard, M. und Davisdon, R. J., »Long-term Meditators' Self-induced High-amplitude Gamma Synchrony During Mental Practice«, *PNAS*, Band 101, Nr. 46, November 2004; Brefczynski-Lewis, J. A., Lutz, A., Schaefer, H. S., Levinson, D. B. und Davidson, R. J., »Neural Correlates of Attentional Expertise in Long-Term Meditation Practitioners«, *PNAS*, Band 104, Nr. 27, Juli 2007, S. 11483–11488; Ekman, P., Davidson, R. J., Ricard, M. und Wallace, B. A., »Buddhist and psychological perspectives on emotions and well-being«, *Current Directions in Psychological Science*, 14, 2005, S. 59–63.

6 Lutz, A., Slagter, H. A., Dunne, J. D. und Davidson, R. J., »Attention regulation and monitoring in meditation«, *Trends in Cognitive Science*, Band 12, Nr. 4, April 2008, S. 163–169; Jha, A. P. *et al.*, »Mindfulness training modifies subsystems of attention«, *Cogn. Affect. Behav. Neurosci.* 7, 2007, S. 109–119; Slagter, H. A., Lutz, A., Greischar, L. L., Francis, A. D., Nieuwenhuis, S., Davis, J. M., Davidson, R. J., »Mental Training Affects Distribution of Limited Brain Resources«, *PloS Biology*, Band 5, Ausgabe 6, e138, www.plosbiology.org, Juni 2007.

7 Carlson, L. E. *et al.*, »One year pre-post intervention follow-up of psychological, immune, endocrine and blood pressure outcomes of mindfulness-based stress reduction (MBSR) in breast and prostrate cancer outpatients«, *Brain Behav. Immun.*, 21, 2007, S. 1038–1049.

8 Siehe Grossman, P. *et al.*, a.a.O.

II. Womit befasst sich Meditation?

9   Jigme Khyentse Rinpoche, aus einer in Portugal gegebenen Belehrung, September 2007.
10 Ein buddhistischer Autor aus dem siebten Jahrhundert, dessen Hauptwerk, das *Bodhicaryavatara*, unter den Schriften der indo-tibetischen Überlieferung ein höchst bedeutsamer Klassiker ist.

III. Wie meditiert man?

11 Yongey Mingyur Rinpoche, *Bonheur de la méditation*, Fayard, Paris 2007.
12 Shantideva, *L'Entrée dans la pratique des bodhisattvas,* Editions Padmakara, Saint-Léon-sur-Vézère 2007, I, 28.
    Dt.: Shantideva, *Anleitungen auf dem Weg zur Glückseligkeit – Bodhicaryavatara*, hrsg. u. übers. v. Diego Hangartner, O. W. Barth, Bern/München/Wien 2005.
    Shantideva, *Die Lebensführung im Geiste der Erleuchtung – das Bodhisattvacharyavatara*, übers. v. Jobst Koss, Theseus, Berlin 2004.
13 Dilgo Khyentse Rinpoche (1910-1991) war einer der bedeutendsten tibetischen spirituellen Meister des 20. Jahrhunderts. Siehe *L'esprit du Tibet*, Points Sagesse, Editions du Seuil, Paris 1996.
14 Erwin Schroedinger, *My View of the World*, Cambridge University Press, London 1922, S. 22.
15 Bhante Henepola Gunaratna, *Méditer au quotidien, une pratique simple du Buddhisme*, Marabout, Paris 2007.
16 Thich Nhat Hanh.

17 Diese drei Komponenten heißen auf Sanskrit *manaskara, smriti* und *samprajnana* (die entsprechenden Ausdrücke in Pali sind *manasikara, sati* und *sampajanna*, in Tibetisch *yid la byed pa, dran pa* und *shes bzhin*).

18 Im Allgemeinen ist ein Mantra nicht so aufgebaut wie ein Satz, der einen wörtlichen Sinn hat. »*Om*« ist hier die Silbe, die das Mantra öffnet und ihm eine Transformationskraft verleiht. »*Mani*« oder »*Juwel*« bezieht sich auf das Juwel der altruistischen Liebe und des Mitgefühls. »*Padme*«, das Gerundium von *Padma* oder »Lotos«, bezieht sich auf die grundlegende Natur des Bewusstseins, unsere »ursprüngliche Güte«, die wie der Lotos, der unbefleckt aus dem Morast wächst, selbst dann noch intakt bleibt, wenn sie sich inmitten der Geistesgifte befindet, die wir hervorgebracht haben. »*Hung*« verleiht dem Mantra seine Verwirklichungskraft.

19 Bokar Rinpoche, *La méditation, Conseils aux débutants*, Éditions Claire Lumière, Saint-Cannat 1999, S. 73.

20 Anstelle von »Unparteilichkeit« kann man auch »Unvoreingenommenheit« oder »Gleichmut« sagen, wobei »Gleichmut« keinesfalls im Sinn von »Gleichgültigkeit« missverstanden werden sollte. (Anm. d. Übers.)

21 Yongey Mingyur Rinpoche, a.a.O.

22 Etty Hillesum, *Une vie bouleversée*, Editions du Seuil, Paris 1995, S. 308. Dt.: *Das denkende Herz – Die Tagebücher von Etty Hillesum 1941–1943*, übers. v. Maria Csollány, Rowohlt TB, Reinbek b. Hamburg 1985.

23 Shantideva, a.a.O., III, 18–22.

24 Shantideva, a.a.O., X, 55.

25 »Pain«, BBC World Service Radio, in der Serie »Documentary«, realisiert von Andrew North, Februar 2008.
26 Bhante Henepola Gunaratna, a.a.O.
27 Longchen Rabjam, (1308–1363), Auszug aus *Gsung thor bu*, S. 351–352, Übersetzung aus dem Tibetischen M. Ricard.
28 Auszug aus »Paroles des maîtres Kadampa«, *Mkha' gdams kyi skyes bu dam pa rnams kyi gsung bgros thor bu ba rnams*, S. 89, Übersetzung aus dem Tibetischen M. Ricard.
29 Dalai Lama, Belehrungen in Schneverdingen, 1998, Übersetzung aus dem Tibetischen M. Ricard.
30 Thich Nhat Hanh, *Die Sonne, mein Herz*, übers. v. Karen Siebert, Theseus, Berlin [4]1998.
31 Bhante Henepola Gunaratna, a.a.O.
32 Nagarjuna, *Suhrlleka*, »Lettre à un ami«, Übersetzung aus dem Tibetischen.
33 Etty Hillesum, *Une vie bouleversée*, a.a.O., S. 22. Dt.: *Das denkende Herz*, a.a.O.
34 Etty Hillesum, a.a.O.
35 Dalai Lama, *Ratschläge des Herzens*, Diogenes, Zürich 2003.
36 Dilgo Khyentse Rinpoche, *Das Herzjuwel der Erleuchteten*, übers. v. Sabine von Minden u. Corinna Chung, Theseus, Berlin [3]2002.
37 A. a. O.
38 Han F. de Wit, *Buddhistischer und westlicher Geist – Buddhismus im Gespräch mit der westlichen Kultur*, Übersetzung aus dem Niederländischen Rolf Remers, Via Nova, Petersberg 2001.
39 Dilgo Khyentse Rinpoche, *Die sieben tibetischen Geistesübungen – Das Herzstück buddhistischer Praxis*, übers. v. Sabine von Minden, O. W. Barth, Bern/München/Wien 2001.

Lebendigsein und den Augenblick genießen

Freude kann man lernen. Wer sich dafür bewusst entscheidet, gibt seinem Leben eine neue Qualität und Tiefe. Loslassen ist ein erster Schritt, denn »ein Bauer, der viele Kühe hat, hat auch viele Sorgen«. Das Wahrnehmen, wie sich Freude überhaupt anfühlt, der nächste, um eine klare Ausrichtung zu bekommen. Zehn Schritte hin zu mehr Wohlbefinden bewirken eine allmähliche Veränderung der Persönlichkeit.

Das Buch basiert auf dem erprobten Kursprogramm des bekannten Meditationslehrers James Baraz. Es ist praktisch ausgerichtet und durch viele Fallbeispiele anschaulich und nachvollziehbar. Mit einem Geleitwort von Jack Kornfield und einem Vorwort von Ram Dass.

James Baraz · Shoshana Alexander
Freude

380 Seiten, ISBN 978-3-485-01339-0

nymphenburger   www.nymphenburger-verlag.de

Matthieu Ricard
Glück

Mit einem Vorwort von Daniel Goleman

Glück ist das Resultat eines Reifungsprozesses, der ganz allein von jedem Menschen selbst abhängt. Dazu gehört auch, sich von der Macht negativer Emotionen wie Hass, Neid, Verlangen und Egoismus zu befreien. Stattdessen sollte man sich von Mitgefühl, Demut und Güte leiten lassen, um mit sich und der Welt in Einklang zu leben.

Kleine Übungen und Meditationsanleitungen am Ende eines jeden Kapitels weisen einen klaren Weg zu einem glücklicheren Leben.